高校田径教学与系统训练实用指导

徐安珂 / 著

SPM 南方传媒 | 广东人民出版社
·广州·

图书在版编目（CIP）数据

高校田径教学与系统训练实用指导 / 徐安珂著. —
广州：广东人民出版社，2023.12
ISBN 978-7-218-17059-6

Ⅰ. ①高… Ⅱ. ①徐… Ⅲ. ①田径运动—教学研究—
高等学校 Ⅳ. ① G820.2

中国国家版本馆 CIP 数据核字（2023）第 205606 号

GAOXIAO TIANJING JIAOXUE YU XITONG XUNLIAN SHIYONG ZHIDAO
高校田径教学与系统训练实用指导

徐安珂　著

出 版 人： 肖风华

责任编辑： 马妮璐
责任技编： 吴彦斌　周星奎
装帧设计： 马静静

出版发行： 广东人民出版社
地　　址： 广东省广州市越秀区大沙头四马路 10 号（邮政编码：510199）
电　　话： （020）85716809（总编室）
传　　真： （020）83289585
网　　址： http://www.gdpph.com
印　　刷： 北京亚吉飞数码科技有限公司
开　　本： 710mm×1000mm　1/16
印　　张： 14.5　　**字　　数：** 226 千
版　　次： 2024 年 4 月第 1 版
印　　次： 2024 年 4 月第 1 次印刷
定　　价： 88.00 元

如发现印装质量问题，影响阅读，请与出版社（020-85716849）联系调换。
售书热线：（020）87716172

前　言

田径运动是所有体育运动的基础，是奥林匹克运动会的重头戏，是现代体育运动中无可替代的“运动之王”。一个国家田径运动水平的高低是其体育运动发展水平的重要标尺和象征，因此我国要重视对田径运动的推广与普及，全面发展竞技田径运动、群众田径运动和学校田径运动。在高校开展田径运动，对增强大学生体质，提升大学生健康水平和基础运动能力，培养大学生的意志品质与道德素养具有重要意义。高校田径运动的开展形式较为丰富，其中最主要的无疑是田径教学与田径训练。调查发现，一些大学生认为田径运动枯燥乏味，缺乏娱乐性，训练过程难以承受，因此田径课程在体育选项课中被冷落，再加上新兴体育运动项目的冲击，高校田径课程教学逐渐处于边缘地位。除此之外，高校田径运动训练也不乐观，因为训练经费、训练管理以及教练员等各种因素的影响，使得田径运动训练出现了训练理念落后、训练体系不完整以及训练管理不科学等问题，最终影响了训练水平和比赛成绩的提高。总之，当前我国田径运动在高校的发展受到了严峻的挑战，发展前景令人担忧。为扭转现阶段我国高校田径教学与训练的现状，摆脱发展困境，重塑田径教学的基础地位，提高田径训练的科学化水平，有必要探索高校田径教学改革与训练发展的有效路径。基于此，作者在查阅大量相关著作文献的基础上，精心撰写了本书。

本书共七章。第一章是高校田径教学与训练的现状与改革，从高校田径教学与训练的基本情况、存在问题和影响因素出发探索改革发展的建议和策略。第二章是高校田径课程设计，主要分析高校田径课程设计的基础理论和实施方法，为田径教学奠定基础。第三章是高校田径教学理论与体系建设，通过构建田径教学理论体系，为高校田径教学活动的开展提供理论指导。第四章是高校田径训练的科学理论，旨在从理论层面指导田径训练实践的开展，并保护运动员的安全。第五章是高校田径训练的有效管理，通过科学有效的管理而提升高校田径训练效果。第六章与第七章分别对高校田径体能、心理、智能训练以及田径技术训练进行分析，提出科学而丰富的训练方法，为高校田径训练提供实践指导。

总体而言，本书具有以下几个特点。

第一，系统性。本书主要对高校田径运动教学与系统训练展开研究，首先分析高校田径教学与训练的现状与改革，其次对高校田径课程设计、教学理论进行研究，最后详细分析与研究高校田径训练理论、训练管理以及训练方法。总体上结构合理，逻辑清晰，层层推进，具有较强的系统性。

第二，实用性。本书在高校田径教学与训练改革、田径课程设计、田径教学组织以及田径训练实施等方面提出了新思想、新观点和新方法，丰富了田径教学与训练理论，并为提升高校田径教学与训练质量提供了思想基础及方法指导，具有重要的理论意义与现实意义。

第三，前沿性与创新性。本书从现代高校田径教学与训练发展的多样性和复杂性出发，客观、准确地反映当前高校田径教学与训练发展中的前沿问题，吸收其他体育项目的研究成果，梳理与归纳推动田径教学与训练发展的科学理论和方法路径，对推动田径运动在高校的可持续发展具有创造性指导价值。

总之，本书深入探讨了高校田径教学改革与系统训练，提出了切实可行的改革建议、教学策略和训练方法，希望本书能够为提升高校田径教学水平、训练质量以及整体推动高校田径运动的可持续发展作出贡献。

本书在撰写过程中，借鉴了许多专家、学者的研究成果和观点，在此表示诚挚的谢意。另外，由于时间和精力有限，书中难免有不妥之处，敬请读者谅解并指正。

作者

2023年5月

目　录

第一章　高校田径教学与训练的现状与改革

田径是其他体育运动项目的基础，能够全面发展大学生的身体素质、提高大学生的运动能力和锻炼大学生的心理素质等。大力发展高校田径运动不仅对大学生健康有益，而且有助于培养优秀的田径运动员。高校田径运动的开展主要表现在教学与训练上，但当前我国高校田径教学与训练的现状并不乐观，存在诸多问题，本章主要对此进行分析，在了解高校田径运动教学与训练现状、发展影响因素的基础上，立足现实制订田径教学与训练的发展对策，提出发展建议，从而促进高校田径运动的可持续发展。

第一节 高校田径教学与训练现状分析

一、高校田径教学现状分析

（一）田径课开设情况

在过去很长一段时间里，高校公共体育教学中一直将田径课作为主要课程。但随着高校公共体育课授课形式的改革和选修课制度的不断完善，大学生可以自主选课来满足自己的运动需求。这时，传统田径运动项目受到了新兴体育运动项目的冲击，选田径课的学生较少，甚至有些高校因选课学生过少而取消公共体育选修课中的田径课。可见，我国高校开设田径课的情况不乐观，田径课受重视程度低。

（二）田径课教学情况与问题

开设田径课的高校在田径课程教学中因为多方面因素的影响而存在诸多问题与弊端，主要表现在以下几方面。

1. 教学理念情况与问题

当今时代要求高等院校树立“以人为本”的育人理念，并将该理念贯穿于体育课程教学中。田径作为高校体育教育的基础课程之一，也必须适应时代要求，树立“以人为本”的教学理念。

然而，在传统教学理念和教学模式的影响下，“以人为本”的理念常常被教师忽视，在田径课程教学中得不到体现，具体表现为田径教学中强调竞技性，忽视健身性和娱乐性；强调学生掌握田径技能，忽视了学生的体质健康和情感体验；没有按照学生的身心特点、兴趣爱好设置教学内容，没有围绕学生这一主体和中心组织教学，学生的发展需求得不到满足，虽然他们的田径运动水平得到了提升，但综合素质较差，不符合以人为本和素质教育理念的要求。

2. 教学内容情况与问题

随着现代社会的不断进步，人们所追求的物质与精神生活的层次也得到了提升，而且人们的健康观念、体育观念也发生了变化，逐渐确立了先进的健康观和体育观。在这一时代背景下，高校体育的发展呈现出健身化、娱乐化、大众化的趋势。与之相比，高校田径教学内容略显单调，学生的学习兴趣逐渐降低，对田径课产生枯燥乏味的感觉。在田径课教学中，以个人项目为主，学生要多次重复进行负荷较大的单一练习，很少有机会能体验集体项目中的团结合作，单调的练习内容和练习方式导致学生对田径课产生厌烦和抵触情绪。

3. 教学方法情况与问题

自田径运动成为高校体育课程的基础教学内容以来，随着田径教学理念的更新、教学条件的变化和教学环境的改善，田径教学方法发生了很大的变化。但与新时代背景下高校体育教育的发展新趋势相比，田径教学方法依旧比较传统、陈旧。

田径教学方法陈旧主要表现为以传授技能的传统教学方法为主，如讲解法、示范法、练习法等，传统教学方法忽视了学生的兴趣爱好和个性特征，对师生互动与生生互助不够重视，而且在方法实施中过分强调所学内容的系统性与完整性，忽视了趣味性的组织与实施，不利于培养大学生的创造思维和综合素质。

4. 教学评价情况与问题

目前，高校田径选项课教学中存在教学考评方式单一的问题，即简单测试学生几个田径项目的成绩，用个别项目的数据指标对学生的田径学习成果和技能水平作出判断，事实上这并不是充分反映学生田径学习真实效果的有效方式。

体质差的学生在田径教学的单一评价中往往不容易达标，这会对体质弱势群体的田径学习积极性造成严重打击，单一评价指标也无法真实评价学生的学习态度、学习进步情况，无法将学生的个体差异体现出来，对学生个性发展不利。总之，田径教学中采用的单一的考评方式存在诸多弊端，无法使教学评价的激励功能、反馈功能等得到充分发挥。

二、高校田径训练现状分析

随着运动训练理论的不断完善和训练方法的改革创新，高校运动训练也获得了一定的发展，运动训练水平不断提高，其中也包括田径运动训练。将先进的理论研究成果与成熟的训练模式运用到高校田径运动训练中，大大提高了田径训练的科学化水平和运动员的田径技能水平。但客观而言，我国高校田径运动训练依然存在一些严峻的问题，这些问题严重制约了高校竞技田径运动的发展。下面具体分析高校田径训练的基本情况与不足之处。

（一）训练动机不够明确

个体行为受动机的影响很大，动机对于个体行为有着比较大的影响，在田径运动训练中运动员的个体行为同样受自身动机的影响。高中生在田径运动训练中因为成就动机很强烈，即为了升学，所以训练的积极性很高，但高校学生因为阶段性任务已经完成，所以成就动机不像之前那样强烈，思想状态较为放松，因而训练的积极性也就下降了。

高校田径运动训练动机应与培养优秀田径运动员的目标一致，但并不是所有的运动员都将提高运动成绩和为校争光作为自己的训练目标，有的是为了通过考试，获得学分，顺利毕业，为就业作铺垫等。训练动机不明确及其与运动员培养目标不一致影响了田径运动训练的发展。

（二）训练基础保障不足

高校田径训练和比赛的顺利开展离不开经费保障和场地器材等基础物质保障。当前，随着我国高校体育的不断改革和大力发展，运动场地、运动器材设备等基础物质条件得到了改善，基本能够满足学校田径训练和比赛的内部需要。但田径运动队的训练经费、比赛经费、营养补贴、物质奖励等还无法得到充分保障。高校体育经费来源单一和对田径训练不够重视是造成这一问题的主要原因。

（三）学训矛盾突出

对高校田径运动员来说，学习与训练的矛盾一直困扰着他们，运动员既要完成学习任务，又要完成训练任务，时间紧，任务重，文化学习与训练的矛盾不可避免。一些运动员为了训练和比赛放弃了文化学习，导致自己文化基础差，而文化水平不高反过来也会对训练和比赛造成不好的影响。

（四）缺乏优秀教练员

高校运动训练的发展需要老中青教练员相互搭配与帮助，但这在田径训练中并没有得到很好的落实，一些年轻教练员虽然学历高，掌握了丰富的训练理论知识，但因为缺乏实践知识与经验，又没有资格老、经验丰富的年长教练员给予指导和帮助，导致他们的执训能力较为欠缺，很难培养出优秀的田径运动员。而且，很多高校的田径训练指导工作由本校体育教师担任，外聘高水平教练员的高校比较少，体育教师在训练指导这方面缺乏专业性，难以应对艰巨的训练任务。

第二节　高校田径教学与训练发展的影响因素

一、高校田径教学发展的影响因素

我国高校田径教学存在的问题较多，主要与以下几方面的影响因素有直接的关系。

（一）政策因素

有关部门在制定高校田径运动相关政策时，存在急功近利的倾向，缺乏开阔的思维和长远的目光，对高校竞技田径的发展更为重视，而对田径教学、田径健身的发展重视不够，没有真真切切为此出谋划策。虽然高校也提出要改革体育教学，但改革与创新的一些理论成果大都运用于球类课程、健美操课程等大学生选修较多的体育课程中，在田径课程中运用较少，导致田径教学改革效果不明显，问题得不到解决。

（二）学校因素

首先，学校领导对田径教学不重视。田径运动能够有效促进人体新陈代谢，提高大学生灵敏度、速度、耐力等素质，但部分学校领导片面地认为田径运动就是简单的跑跳，不仅没有技术含量，而且还会导致学生受伤，给学校带来麻烦，因此对田径教学不重视，导致高校田径教学的设备和师资满足不了需要，甚至有的高校干脆取消了田径课程。

其次，随着高等教育体育教学的改革，高校体育课程的种类越来越多，"快乐体育""终身体育""健康体育"的理念被提倡，一些健身类、竞技类和休闲类的体育课程也开始对大学生开放，田径运动逐渐处于边缘位置。

（三）教师因素

在高校田径教学的发展中，教师的影响与作用是举足轻重的。田径教学的开展情况如何，与教师对田径课的看法有直接的关系。一些体育教师认为，田径教学内容是可替代的，可以由其他运动项目的身体素质练习来替代，因此可以取消可替代的田径课程，再加上本身选修此类课程的学生就少，所以同意取消田径课程的体育教师占有一定的比例。这些教师认为田径课教学内容可以被替代其实是不正确的想法，虽然田径教学主要是培养学生的基础运动能力，与其他项目教学中的基础身体素质练习有重合的部分，但田径运动本身所具有的健身价值、教育价值是不可替代的，教师只看到少数内容的可替代性，看到了传统田径教学的问题，却没有对田径教学的独特价值进行深入思考与研究。

此外，体育教师是田径教学活动的组织者与实施者，他们的教学理念、教学风格、教学习惯及其他专业素养和业务能力直接影响教学活动的实施效果和最终教学质量。当前，高校一些田径教师因为教学观念落后，在田径教学中一味采用传统的竞技性教学模式，对竞技项目的系统性、完整性过分强调，将教学重点基本都放在技术教学上，而对学生身体素质的发展和基本运动能力的培养没有给予重视，从而打击了学生学习的积极性，并影响了田径教学育人功能的发挥。

（四）学生因素

田径运动和球类运动、健美操运动以及其他一些时尚流行的运动项目相比，趣味性相对欠缺，田径运动本身的这一特性使得学生对田径课缺乏兴趣和学习热情。选修田径课程的学生少也可以理解为是学生自身因素造成的，如学生的兴趣爱好偏向其他体育项目，学生缺乏吃苦精神，认为田径运动练习既无趣又辛苦，所以在选课时避开了这一课程。

二、高校田径训练发展的影响因素

（一）经费因素

我国现在还未形成适合于高校田径队实现良好发展的市场长效机制，高校体育经费本身就有限，而且很大一部分投入到了传统优势体育项目的发展中，田径队自身很难筹到充足的经费用于满足训练、比赛的需要，从而影响了训练与比赛的发展，训练与比赛成绩不理想进一步增加了筹集经费的难度，这就陷入了一个恶性循环。

（二）管理因素

高校田径运动训练的改革创新、训练水平的提高、训练与比赛成绩的提升都离不开科学严格的系统管理。但当前我国一些高校在组建好田径运动队后，为了在比赛中取得好成绩，为学校争得荣誉，提升学校的影响力，只是盲目组织训练，增加训练量和训练强度，甚至占用学生的文化学习时间，最终不仅训练效果达不到预期，还影响了学生的专业课成绩，甚至还有一些运动员出现了逆反心理。这样的结果主要是因为缺乏科学的管理造成的。事实上，在组建好田径运动队后，尽管必然要以训练和比赛为中心，但也要兼顾运动员其他方面的发展，既要做好训练与比赛管理工作，还要做好运动员生活管理、文化学习管理、思想道德教育管理以及医务监督管理等工作，这样才能保障运动队的顺利运行。

（三）教练员因素

高校田径运动训练水平的高低与教练员的训练指导水平直接相关，教练员自身的专业执训能力对大学生运动员训练成绩的影响是最为直接的，某种程度上教练员的执训水平直接决定着运动员的训练水平。因此，必须高度重视对优秀田径教练员的培养，加强对教练员的专业培训，提高教练员的专业指导水平和业务能力。当前，我国高校田径教练员队伍的整体素质并不高，有的直接是由体育教师担任教练员，很多教练员入职后没有参加过任何形式的培训和进修，训练理念落后，训练方法单一，严重影响了训练效果。甚至一些高水平田径运动队的教练员都没有达到真正意义上专业教练的标准。总之，高校田径教练员队伍整体水平不高，必须加强对教练员的专业培养，建设优秀的教练员队伍。

第三节　高校田径教学与训练的改革与发展建议

一、高校田径教学改革与发展建议

通过分析高校田径教学现状，了解高校田径教学中存在的诸多问题与不足，我们建议从以下几方面改善田径教学现状，充分提升高校田径教学质量。

（一）明确指导思想，认识田径教学的重要性

田径运动的娱乐趣味性不如球类运动，学习过程和其他项目的学习相比本身就比较单调枯燥，而且掌握田径运动技能不是一朝一夕的事，需要长期坚持练习，如此才能提升基本运动能力，为参与其他运动项目打好基础。田径运动自身的属性对其教学问题的出现造成了一定的影响。但田径运动的作用与价值也是非常大的，其在增强学生体质、锻炼学生意志品质中发挥着举足轻重的作用，是素质教育的重要手段之一。

田径练习尤其是中长跑、跨栏跑练习，能够有效促进学生身体素质的全面协调发展，并能培养学生面对困难与障碍的正确态度，教育学生勇敢战胜困难，坚持完成任务，顽强拼搏，不轻易放弃。这是培养和锻炼学生意志品质的良好手段，对促进学生身心健康具有重要意义。可见，田径在素质教育中发挥着重要作用。高校应充分认识到田径运动的重要性，重新确立田径教学的重要地位，主动打破田径教学的僵局，促进田径教学取得新的进步与发展。

高校应坚持“健康第一”的指导思想，在科学教育思想的指导下开展田径教学实践工作，围绕学生主体组织实施田径教学内容和教学方法，促进学生体质健康水平的提升、基础运动能力的增强，为学生参与其他运动项目以及养成终身体育锻炼习惯打好基础。

（二）深化田径教学内容改革

对高校田径教学内容的改革要从以下两方面着手。

1. 突出健身性和趣味性

集健身性与趣味性于一体的高校田径教学内容能够更好地吸引学生参与，培养学生的健康体质和综合素养。因此在高校田径教学内容改革中要将传统教学内容的健身性与趣味性突显出来，并开发与引进既有健身性又有趣味性的新内容。

第一，在田径教学内容体系中纳入定向越野、野外生存等具有挑战性的内容，调动学生的参与兴趣和积极性。

第二，对一些项目的练习内容与手段进行整合、提炼、重组，形成新的更具有健身意义和实用价值的练习内容与手段，从而丰富练习内容，创新练习手段。

第三，在走、跑、跳、投等基本运动形式的基础上对丰富多样的趣味性练习方法和组织形式进行开发与探索，使教学内容贴近学生生活，符合学生身心特点和个性发展特征，满足学生需求，突出田径教学内容的健身性、简单化、实用性。

2. 教材化改造

当前，高校田径教学存在重竞技轻健身的问题，教学内容竞技性强，竞技田径训练逐渐成为田径教学的主体，导致学生对强度大、难度大的竞技田径教学内容产生畏惧与抵触心理。对此，必须重视对竞技性田径教学内容的教材化改造，采用提炼、加工、重组等方式来弱化田径教学内容的竞技性，以便于田径项目在高校的进一步推广。

对高校田径竞技性教学内容的教材化改造可以参考下列一些常见的经验性做法。

（1）简化方向改造。降低项目难度，简化场地器材规格和规则要求等。

（2）游戏化方向改造。基于走、跑、跳、投开发丰富的游戏内容和练习手段。

（3）文化方向改造。体现田径文化内涵和氛围，促进学生对田径运动文化内涵的理解。

（4）理性方向改造。结合现实生活挖掘田径运动的一般原理，提高学生对田径规律的认识。

（三）综合运用多种教学方法手段

从运动训练方法演变而来的传统教学方法在实施过程中带有明显的教程化特征，教师按比较固定的模式实施教学方法，长此以往，必然会引起学生的厌烦和抵触。随着体育教育的不断发展，新的教学方法层出不穷，如探究式教法、启发式教法、情境式教法、多媒体教法、比赛教法、游戏教法等，将这些新的教学方法运用到田径教学中，对改善高校田径教学现状和提高教学效果非常有益。

不同的体育教学方法各有优势和不足，体育教学新方法也是如此，采用不同的方法会产生不同的效果。没有一种教法是万能的，因此在田径教学中要从田径运动特点、学生学习需要和学校教学条件等实际出发而合理选用、综合运用以及优化运用各种教学新方法，田径教学方法的优化方式如图1–1所示。

通过改革与综合运用田径教学方法，不仅要使学生对田径理论知识、基本技能以及锻炼方法有充分的掌握，还要启发学生的创新思维，培养学生的创新意识与能力。

（四）加强田径教学考评方式的改革

针对高校田径教学考核方式单一的问题，要重点做好以下两方面的改革工作。

1. 相对评价与绝对评价的结合

田径教学过程比较复杂，其中蕴含着一些不可忽视的重要人文因素，它们和可量化的时间、高度、远度等指标不同，无法以量化手段进行评价。例如，我们无法量化学生的学习态度、心理素质、道德品质。因为这些因素不易量化，因而在教学评价中常常被忽视，导致田径教学评价指标片面、方式单一，影响了教学评价的全面性和实际效果。

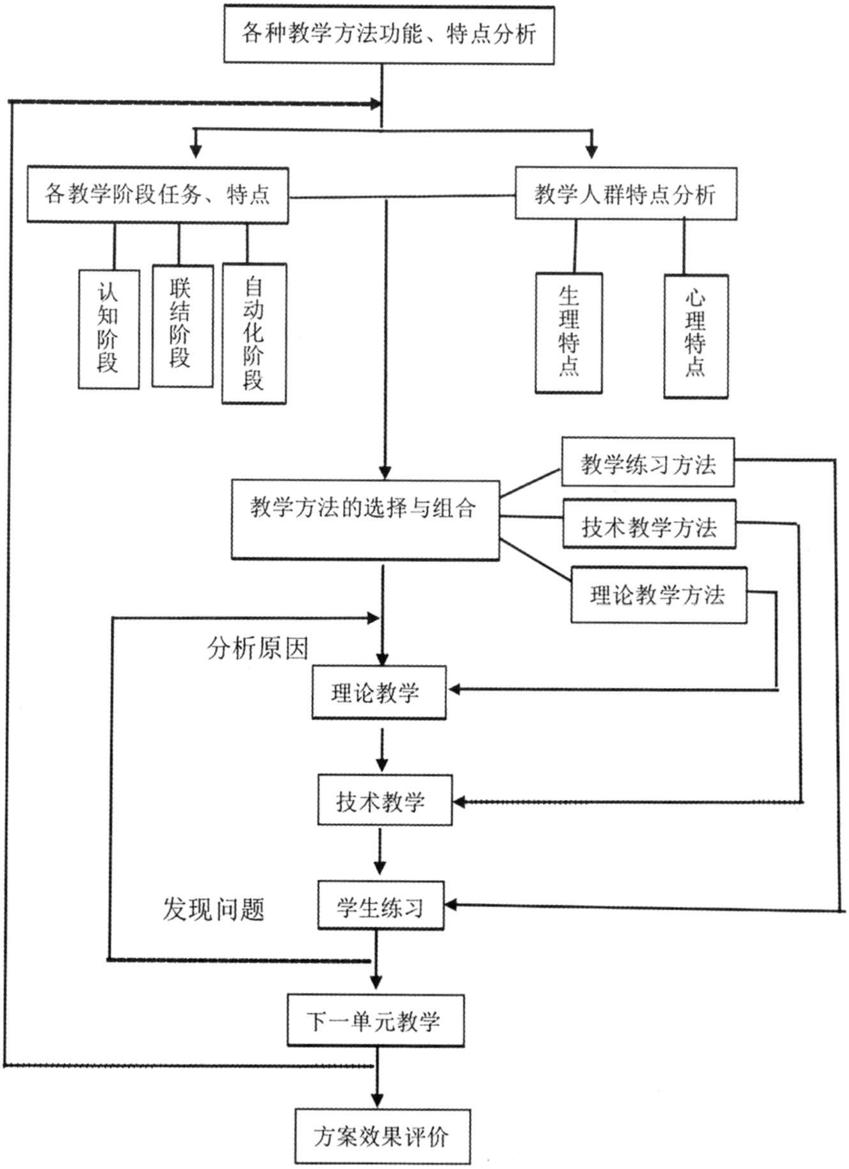

图1-1　田径教学方法的优化程序[①]

① 张建龙，王炜.体育教学方法优化组合的依据、原则与程序[J].新西部（下半月），2009，137（05）：241+238.

在高校田径教学评价改革中，应该对可量化的指标采用绝对评价和结果评价的方式来做出评价，对不可量化的指标采用相对评价和过程评价的方式来做出评价，将相对评价和绝对评价、过程评价与结果评价结合起来，评价方式多样，操作灵活，为师生提供真实反馈，从而根据真实评价结果而改进田径教学过程。

2. 自评、他评与互评的结合

高校田径教学评价中，教师作为评价主体发挥着重要作用，教师对学生进行评价是一种他评方式，但不能仅仅以教师的标准去评价学生，否则会影响评价的真实性，也会影响学生个性的发挥与发展。

在今后的田径教学评价改革中，依然以教师评价为主，同时也要与学生自评、生生互评结合起来，采用多元化评价方式进行综合评价，最终将用不同评价方式进行评价的结果按一定的比例进行综合，从而对学生的学习效果做出客观而全面的评价。

多元评价方式尊重学生作为评价主体的地位，能调动学生主动参与学习评价的积极性，引导学生在自评中反思与反省，在他评中发现同学的特长，促进与同学的沟通交流，并激发学生完善自我的积极性。

二、高校田径训练改革与发展建议

（一）改革和完善训练体制

高校田径运动训练是否科学、系统，训练效果是否良好，很大程度上是由高校田径课余训练体制这个因素所决定的。高校田径课余训练体制如果是完整而有效的，那么就有助于田径人才的挖掘与培养，有助于高水平田径运动队的组建，从而促进高校田径运动的发展。世界体育强国对高校体育训练体制的建立与完善都非常重视，积极从本国国情和高校实际出发而建立课余训练体制，并随着国家竞技体育的发展情况及高校训练环境的变化而调整训练体制，使之不断适应现状，不断完善。我国要提高高校田径训练水平，也要高度重视对高校课余训练体制的改革与完善，不仅要将高校相关体育组织和部门的作用充分发挥出来，还要对现有训练机制中不合理的结构问题进行改革，尤其要对人事分配制度和比赛制度中不合理的地方进行改革，并促进运动员人才市场机制的不断健全，建立与完善俱乐部训练体制，进一步明确训练目标、更新训练理念、畅通训练信息渠道、加强训练后勤保障，为高校田径训练的正常进行和训练水平的提高提供重要的体制保障。

（二）改善训练物质条件

随着高校田径训练科学化水平的不断提升，训练物质条件对提高训练效果起到的作用越来越明显。改善高校运动场地设施条件，更新训练仪器设备对提升田径运动员的训练成绩具有重要意义。

在改善高校田径训练物质条件的过程中，要注意将新科技手段融入传统物质设施建设中，实现传统训练环境与新科技的融合发展，对信息化、系统化、网络化的训练物质环境进行创建。新的训练物质环境中还应有新的反馈系统，有条件的高校可引进先进的训练设备，应用3D、VR等技术将更加全面化、立体化和动态化的训练反馈呈现于运动员面前。例如，将3D技术应用于田径运动训练中，将运动员的训练过程和标准3D视频进行同步比较，使运动员了解自己的真实训练情况，从不同角度发现自己的问题，使自己的各个技术环节得到更直观的反馈与呈现。再如，将虚拟现实技术运用于田径训练中，使大学生运动员和专业优秀运动员共同训练，在虚拟现实赛场中录入双方的训练数据，使大学生运动员获得真实的体验。可见，将先进科技设备引进高校田径训练中，对提高训练的科学化水平和训练效果具有重要意义。

（三）不断完善科学训练计划

制订科学合理的田径训练计划对田径训练的顺利进行和运动员综合水平的稳步提升具有重要意义。在训练计划制订中，应对技术训练、心理素质训练、体能训练等进行整体安排，使之统摄于整合化目标的调控之下，使运动员能够按照训练计划完成目标任务。此外，还要合理划分训练周期，突出训练的专项特点。通常情况下，可以将每学年的训练周期分成六个相对独立的小周期，而将寒、暑假两个阶段设置成自然的调整休息期，由于训练周期相对缩短，因而使田径训练更具系统性和灵活性。

在高校田径运动训练计划的制订过程中，应允许运动员参与其中，培养运动员制订训练计划的能力。对训练计划进行设计与制订的过程也是制订者对训练的本质问题认真加以思考的过程，让运动员自己对训练计划进行设计，有助于其独立思考能力、发现及解决问题能力的培养，能够使运动员更深刻地理解与掌握田径训练原理、训练规律及训练原则与要求，有助于促进田径训练效果的提高，使运动员的运动能力和其他素质得到全面发展。在运动员自主设计训练计划的过程中，教练员要做好指导工作，与运动员多沟通和交流，可以给运动员提供建议。运动员是有智慧的个体，而不是简单的运动机器，让运动员自主设计训练计划，真正发挥运动员作为训练“小主人”的作用，培养运动员的策划能力，充分发挥运动员的个性。

（四）做好专项训练指导

提升运动成绩需要科学的运动技巧和良好的身体素质相互配合，如果身体素质好，技术水平不到位，那么身体素质就无法发挥优势。同理，技术水平高，但身体素质差，运动成绩也无法提升。因此，在田径训练的前期，应选择时效性更强、重点更突出的训练方法，做好全面训练的准备工作，在起步阶段就使身体训练同专项训练完整统一，为后续训练奠定坚实基础。例如，在短跑训练过程中，应重点强调步幅的提升及跑步过程中的放松，适当增加一定比例的专项练习，培养力量、柔韧、耐力等身体素质，达到短期内提升短跑成绩的目标。在跳远训练时，要重点强调迅速助跑及准确起跳等关键技术要领，以增强运动员的爆发力。在投掷项目训练中，要特别强调最后用力阶段的器械发出速度与投掷成绩之间的关系，并强调器械出手过程是整个技术动作的重点。总之，在高校田径运动训练中要加强专项技术训练指导，提高田径训练水平。

（五）关注心理训练

心理训练是田径训练的一部分，也是体能及技术训练的重要支撑。在高校田径运动训练中将心理训练与体能、技术训练结合在一起，能够取得理想的训练效果，有助于培养大学生的意志品质，使其在比赛过程中具有更好的稳定性和应变能力。

（六）提高运动员的文化水平，加强理论知识培训

大学生参加田径运动训练是身体活动和脑力劳动的有机结合，参加训练和比赛既要做大量的身体活动，也要进行必要的思考，而且要运用自己掌握的知识去捕捉和理解训练和比赛中教练员发出的每个信号，这就需要运动员具备一定的文化水平。如果运动员只是运动能力强，但缺乏良好的文化素养，那么不仅会影响训练和比赛，也会严重阻碍将来的就业之路。目前，我国竞技体育人才培养中逐渐认识到了运动员文化教育的重要性，提出文体并重、体教结合的培养模式，全面培养运动员的文化素质和运动素质。高校田径训练中也要注意对运动员文化素养的培养，提升运动员的文化水平，为运动员未来就业打好基础。

近年来，我国教育部门和体育部门都很关注运动员的文化教育，大力改革运动员文化教育体制，对多元化教育体系进行构建，从运动员的特殊性出发探索文化教育的科学方法，对教育内容、方法及形式进行改进，并采取多项措施来保障运动员文化教育工作的落实，从而有效维护了运动员的受教育权利，满足了运动员的文化学习需求，提升了运动员的文化水平，为运动员将来的就业与发展奠定了良好的基础，这非常值得高校田径训练管理者学习与借鉴。

总之，在高校田径训练中不能忽视运动员的文化教育，并要加强对运动员的理论知识培训，向运动员传授运动心理、运动营养、竞赛规则、裁判方法等相关知识，从而全面提高大学生田径运动员的运动素养。

（七）加强教练员队伍建设，健全教练员考核与评价制度

1. 提升教练员的指导水平

在田径教练员专业培养与培训中，既要培养教练员的执训能力，又要培养训练管理能力、组织竞赛的能力，同时还要培养良好的职业道德，最终促进教练员综合能力的提升。

教练员培训制度在我国正式实行已有多年的历史，我国的教练员培训制度比较完整，该制度对提升教练员的专业水平和综合能力起到了重要的促进作用。但因为我国高校教练员数量多，整体水平不高，原有培训制度不能适应和满足当前高校田径训练发展的需要，因此必须加强对教练员培训范围与方式的拓展和优化。

第一，为专项特长突出的田径教练员或教师提供进修机会，使其参加国家有关部门举办的教练员专业培训活动，实现由教师型教练向专业教练的转变。

第二，聘请专职教练，减轻教师的负担，为本校田径授课教师与外聘优秀专职教练提供交流的平台和机会。

2. 建立健全教练员考核与评价制度

现阶段，高校田径课余训练缺乏健全的评估体系，对课余训练、运动队、教练员队伍的管理不够系统，后勤管理不受重视。在评估体系内存在的诸多问题中，对教练员考评不规范和不全面的问题较为突出。一直以来，高校只是在某次运动会结束后或参加完某次比赛后参照运动成绩来对教练员进行结果性考评，注重结果，忽视过程，以成绩作为评价标准，这样容易进入唯成绩论的训练误区，容易在日常训练中盲目加大运动量，忽视其他素质的培养。可见，单纯从运动成绩出发对教练员进行评价是片面的，虽然这种考评方式能够引起教练员对日常训练的重视，但也容易造成教练员除执训能力之外的其他素质发展受限的局面。对此，要进一步建立健全教练员考评制度，做好以下工作。

第一，有的田径教练员也同时承担授课教师的职责，为减少教练员的工作负担，应适当减少教学量，累计教学与训练的工作量，使教练员将教学与训练工作做好、做精，提升田径教学和训练水平。此外，还要注意对教练员

科研能力的考核，考核成绩直接影响职称评比和福利待遇水平。

第二，检查教练员制订的田径训练计划是否科学、合理、完善，在计划实施中定期检查效果，使教练员作好训练工作总结，提升教练员的责任感。对训练计划及其实施的检查结果直接影响对教练员的考评结果。

第三，坚持实行岗位聘任制，充分发挥竞争机制的作用，录用优秀的教练员。

第四，做好教练员在职培训工作，通过培训使教练员不断更新自己的训练理念，充实训练知识，学习先进的训练方法和经验，从而提高田径训练水平。教练员参加培训的情况也要纳入考核范围，评价教练员经过培训取得的进步。要将教练员培训作为一种有意义、有价值的投资，从而取得良好的训练效益和社会效益。

第二章　高校田径课程设计

高校田径课程是一个复杂系统，随着对高校田径课程研究的不断深入，高校田径课程设计越来越具有系统性、条理性，从而提高了高校田径课程质量，为田径教学的顺利组织与实施奠定了基础。本章主要对高校田径课程设计进行研究，主要内容包括高校田径课程设计的学科基础、田径课程设计的基本原则、田径课程定位设计、田径课程教学计划设计以及基于系统理论的高校田径课程设计。

第一节　高校田径课程设计的学科基础

一、教育学基础

（一）教育

教育一般指的是专门组织的培养人的活动，是对适应社会发展和符合社会需求的人进行培养的复杂活动。培养人是教育的本质特征，通过这一特征，可以从根本上将教育与其他社会活动、事物现象区别开来。完整的教育活动包括教育者、教育对象和教育措施三个基本要素。教育的目的是培养适应社会变化发展的人和能够为促进社会发展做出贡献的人。这也是高校田径课程设计的目标导向。

（二）体育教育

体育教育是教育的重要组成部分，田径课程又是体育课程的重要内容，在高校田径课程设计中要遵循基本的体育教育理论。体育教育是有目的的教育过程，体育教育的发展方向一定程度上是由体育教育的目的所规定的。我国体育教育的目的是，促进学生顺利成长和健康发育，增强学生体质，提升学生健康水平，使学生具备良好的道德修养和顽强的意志品质，使其成为全面发展的社会主义接班人。高校田径课程设计应在体育教育目的的指引下进行，以促进体育教育目的的实现。此外，在高校田径课程设计中，还要充分发挥体育教育的功能，提升田径课程的价值，实现田径课程教学的育人目标。

二、传播学基础

简单来说，从一地向另一地传递信息就是所谓的传播，信息传播过程、传播形式、传播效果等是传播理论研究的主要内容。本质上来看，信息的流动就是传播，传播的基本材料是信息。从传播理论上讲，教学过程是教师向学生传播信息的过程，教学过程中各教学要素之间的稳定关系及动态联系都能在传播理论中得到揭示，传播理论为田径课程设计者科学设计完整可行的田径课程提供了重要的理论基础。

田径课程教学过程是田径相关信息传播的过程，在田径课程教学中如何采集与加工田径教学信息，如何有效传递这些信息，是教学工作者需要思考的重要问题。为了使教学信息的采集、加工得到进一步的优化，使信息传递效率与效果得到提升，必须对教学信息的存在形式或类型有所了解，判断是语义信息、行为信息及符号信息等各类信息中的哪一种，然后根据这类信息的特点进行有针对性的加工与传播。

下面具体从两个方面分析传播理论与田径课程设计的关系。

（一）信息的特点与高校田径课程设计

对田径授课教师来说，了解信息的特点对其设计田径课程非常有帮助，有益于在田径课程教学中充分发挥教学信息的重要作用。下面对信息的特征及其与田径课程设计的关系展开分析。

1. 时效性

信息是具有时效性的，一般来说，信息越新，价值越高。所以在田径课程设计中，教师要时刻把握最新田径相关信息和传媒信息，并向学生及时传递新信息。另外，学生的动态变化信息也是教师需要随时了解的，这是教师优化课程设计的重要依据。

2. 可伪性

每个人对事物的认识总是有局限的，所以很难掌握全面的信息，甚至有时候掌握的是错误的信息，人们也会制造假信息来达到某种目的，这就是信息的可伪性特征。在田径课程教学设计中，教师要仔细判断学生信息的真假，分析反馈信息是否真实，并基于正确的信息对课程设计加以改进。

3.不完全性

在人类发展的历史长河中，无论哪个阶段，人们都很难完全且全方位地认识自然界和社会，人们的认识往往存在片面性，所以人们也无法获得完全的信息，其实将全部信息丝毫不漏、丝毫不差地掌握在自己手中是没必要的。信息的不完全性启发田径授课教师在课程设计中要牢牢抓住那些关键的信息，而放弃不必要的信息，以节约设计成本，提高设计效率。

（二）传播理论对高校田径课程设计的影响

信息传播理论给田径课程设计带来了以下三个方面的影响。

第一，田径授课教师在课程设计的初始阶段分析学习者时，要对学生的关键信息予以掌握，如田径兴趣爱好、田径理论素养、田径技能水平、田径运动经验等，清楚了学生的这些信息后，根据学生的实际情况而有针对性地将关键的教学信息传递给学生。

第二，传播理论中涉及的传播媒体丰富多样，如何分析与选用传播媒体对传播效果有直接的影响。田径授课教师在课程设计中要尽可能选择那些便于向学生传递信息且学生理解起来难度较小的媒体渠道，从而提高信息传递的效率和最后的效果。

第三，信息传播理论中信息反馈也是非常重要的一个内容，通过反馈可以了解那些收到信息的人是如何理解信息的，以及接收这些信息后是否达到了理想的效果。在信息传播理论下进行田径课程设计，教师要重视教学反馈环节，以了解学生的学习效果，了解学生渴望获得哪些信息，从而有针对性地传递信息，满足学生学习需求。

体育教育是以身体练习为基本手段，不断掌握身体锻炼知识、技术与技能，为增强体质、促进人的身心全面发展而进行的一种有意识、有目的的教育过程。体育教育是有目的的教育过程，通过开展体育教育活动而要达到的结果就是体育教育目的，也就是说完成体育教育任务之后，最终获得的结果就是体育教育目的。体育教育对社会发展、人的发展有重要影响，这主要得益于体育教育的性质和功能，而通过体育教育目的更能综合反映出体育教育对人与社会的影响。体育教育的发展方向一定程度上是由体育教育的目的所规定的，一旦将体育教育目的确定下来，在没有特殊原因的情况下是不能随意更改的。

第二节　高校田径课程设计的基本原则

高校田径课程的功能不仅仅是促进学生身心健康，还可以传播田径文化、促进田径学习活动生活化、提高大学生的社会适应能力。基于此，在高校田径课程改革中进行课程设计时必须遵循以下几项基本原则。

一、田径课程设计理念的鲜明性

在高校田径课程设计中，既要以社会发展需求、体育学科发展需求以及学生自身发展需求为依据，又要对学校田径运动发展的客观条件与现实情况予以考虑。高校田径运动自身的价值取向决定了这门课程的设计理念。田径课程设计是具体化的体育课程设计。在新时代背景下，为了适应高校体育课程改革与创新的需要，在田径课程设计中必须贯穿鲜明的理念，如“健康观”“生活观”和“文化观”，这些理念要具体从田径课程目标、课程结构以及课程内容等不同课程要素的设计过程中体现出来。

二、田径课程目标设计的多维性

高校田径课程设计应体现对学生需求与社会需求和谐统一的兼顾，在课程目标设计中尤其要体现这一点。兼顾社会需求是指学生在田径课程学习中所学的知识与技能应对其将来步入社会后的健康生活有益。兼顾学生需求是指要使学生通过学习田径课程教学内容而实现个人理想与价值，满足个人愿望，在学习中有所收获，如增强了体质，愉悦了心理，陶冶了情操，掌握了知识与技能等。兼顾社会需求和学生需求的和谐统一，要求在田径课程目标设计中既要传承田径文化，又要将学生的主观学习感受重视起来，既要基于田径课程的科学逻辑性而与整体性目标相适应，又要尽可能使学生的多样化需求得到满足，将田径课程的人文教育功能充分体现出来。

上述分析充分反映了田径课程目标设计的多维性。在具体设计过程中，应根据层次、形式、内容划分不同的课程目标，如基础目标和发展目标（层次上的划分），行为目标和过程性目标（形式上的划分）以及动力目标和能力目标（内容上的划分）。

三、田径课程内容设计的功能互补性

田径运动理论丰富，项目多样，因而田径教学内容整体上是非常丰富的，在田径课程内容的筛选和设计中，要将田径课程的科学性、人文性及其内在价值充分体现出来。理论上而言，田径运动本身就具有多元化价值，在教学实践中往往很难充分发挥这些多元价值，这就导致田径课程教学的一些目标无法实现，如促进学生心理健康、提升学生社会适应能力的目标等。鉴于此，高校田径选修课程内容的设计应分类进行，既可以分为走跑类、跳跃类、投掷类、拓展训练类等，也可以分为竞技类、健身类、娱乐类等，在分类的基础上对各个项目板块进行设置，体现各个项目的优势功能，促进不同项目之间的功能互补，从而形成功能互补的课程内容体系。

四、田径课程结构设计的系统性

高校田径课程结构的设计要突出系统性，将课程设计的整体优势充分发挥出来。在课程结构设计中贯彻系统性原则的本质是保证课程结构的完整性和建立课程各要素之间的和谐关系。

田径课程结构从不同的视角分析，所包含的要素是不同的，见表2-1。

表2-1　田径课程结构的系统性[①]

不同分析视角	结构要素
宏观视角	显性课程 隐性课程
类型视角	必修课程与选修课程 学科课程与活动课程 正式课程与非正式课程
组织形式视角	田径课教学 田径俱乐部 田径运动协会 田径专题讲座 课余田径训练 校园田径竞赛

在不同视角下进行田径课程设计时，整合系统各要素，形成最优化效应，从而使系统的整体功能得到最大化发挥成为设计的重点与难点。在具体设计过程中，要依据科学理念、结合课程目标和高校体育教学条件，有机组合课程结构要素，突出结构的系统性，发挥课程的整体功能。

① 白明.谈高校体育课程设计的原则[J].中国成人教育，2009（17）：153.

五、田径课程学习方式设计的生活性

对田径课程的学习方式进行设计时，要使学生以最适合自己、最有效的方式形成对教学内容的感知和理解，并在学习中认真体验，充分享受，对田径课程的人文价值、科学价值有更加深刻的理解。为达到这一目的，在学习方式的设计中要贯彻生活性原则，从而使大学生的田径学习活动更加生活化、日常化。大学生在生活化、常规化的田径学习过程中能够更好地观察与模仿，尝试新方向，乐于交往与合作，能够自主探究与创新，从而提高自主学习能力和学习效果。

大学生的生活性学习方式从“现实体育生活”“可能体育生活”中都能体现出来，前者是丰富多彩的体育生活的直观呈现，强调大学生在包括田径在内的体育课程学习中的真情实感；后者是通过体育学习活动（包括田径学习）而形成一种新的体育生活方式，这种新方式超越了现实体育生活方式，追求更高的价值和长远的意义，能够引导大学生对未来体育生活的价值进行探寻，提高大学生学习的自主性和积极性。

第三节　高校田径课程定位设计

一、高校田径课程性质的定位设计

田径课程性质既有个性特征又有共性特征，只有兼顾二者，才能全面定位田径课程性质。

（一）田径课程性质的共性定位

在田径课程性质的定位设计中，首先要从根本上对其进行共性定位，通过共性定位将田径课程的基本特性明确下来，具体包括以下基本特性。

1. 载体性

田径课程目标包括身心健康目标、社会化目标，实现这些目标的主要载体是田径运动中走、跑、跳、投等基础动作技能，利用这些载体尤其能够促进学生健康体适能的发展。

2. 促进性

青少年学生处在生长发育的关键时期，合理安排田径课程，对促进青少年学生健康成长具有重要意义。因此在田径课程设计中，要将该课程的教育功能优势充分利用起来，对健康促进类课程内容的设置应恰到好处，使课程的教育效益得到最大化发挥。

3. 健身性

田径课程具有重要的教育功能，其中一个优势功能就在于能够促进学生体能的发展和体质的增强。将这一优势功能充分利用起来，使田径课程教学为学生的全面健康服务，使学生在田径课程学习中达到强身健体、协调发展的目的。

4. 磨炼性

很多学生认为田径运动枯燥单调，缺乏趣味，所以不喜欢上田径课，这看似是田径运动本身的缺点，但从另一个角度来看，枯燥单调的练习有利于磨炼学生的意志，锻炼学生的耐力素质。这就需要在田径课程设计中将不利因素转换为有利因素，对田径课程的磨炼功能加以挖掘，如通过中长跑教学磨炼学生的意志和提升学生的耐力水平。

5. 变动性

田径课程是围绕学生的发展和需要而开设的，因此要以“为学生的健康成长与全面发展服务”为宗旨去设计田径课程。学生的发展需要是不断变化的，因此田径课程也应不断调整，以适应教学对象的不断变化和新需要。

（二）高校田径课程性质的个性定位

高等教育阶段的田径课程具有自己的个性，在课程性质的定位设计中除了要考虑上述共性，还要考虑个性，如多元性和系统性。

1. 田径课程的多元性

高校田径选项课程的设置使学生在课程选择上有更大的自由度和更广阔的空间，能够使学生的多样化需要得到满足，如满足学生的兴趣爱好、体能发展需要和技能发展需要等。

2. 田径课程的系统性

高校田径课程具有系统性，具体体现在课程结构、课程内容、课程目标等诸多方面。在高等教育阶段系统地设计田径课程，能够使学生通过系统学习田径知识与技能而提升田径运动素养，增强体质，提升社会适应能力，获得全面发展。大学生运动员通过系统学习和训练还能够提升竞技能力，取得优异的比赛成绩，为运动生涯增光添彩。

二、高校田径课程价值的定位设计

在高校体育课程体系中，田径课程是最基础的组成部分，这部分课程内容是不可替代的。之所以不可替代，是因为田径课程的教育价值不同于其他课程内容的教育价值，下面举例说明田径课程教育价值与其他课程内容教育价值的根本性差异。

第一，田径课程与球类、体操、民族体育、新兴运动等各类课程内容相比，在锻炼学生基本身体素质和基础运动能力方面具有天然的优势和重要的价值，田径运动所发挥的这些基本价值能够为学生参与其他运动项目的学习奠定基础。

第二，田径课程与冰雪运动、水上运动等课程内容相比，不受地域限制，受气候等自然环境的影响很小，简便易行，具有普适性。

田径课程的特殊教育价值奠定了其在高校体育课程中的基础地位。下面是田径课程教育价值的具体表现。

第一，田径课程可以使人类的基本动作技能得到规划性的传承，如站立姿势、走跑技能、跳跃技能、投掷技能等。人类的生存离不开这些基础动作技能，这是人类社会发展的根本性需要。

第二，田径课程可以使学生对基本动作技能有系统地掌握，提高学生的基本生活能力、运动能力和环境适应能力。

第三，田径课程能够使带有民族特色和地域性色彩的走、跑、跳、投等动作技能得以传承，结合民族体育的特色来促进民族体育文化的传承和民族体育精神的弘扬。

第四，田径课程能够为学生的健康成长、身体形态的改善、身体机能的增强以及身体素质水平的提升提供基础保障。

第五，田径课程在培养学生健康心理素质、调节学生不良情绪、健全学生人格以及塑造学生道德素养等方面具有不可替代的重要作用。

第六，田径课程能够使学生的基本运动素质和动作技能不断发展与成熟，从而为其学习、生活和工作创造基础条件。

第七，田径课程能够培养学生的田径专项能力，培养田径运动人才。

第四节 高校田径课程教学计划设计

在高校田径课程学年教学和学期教学中，教学计划通常以单元教学计划的形式出现，单元教学计划又是通过课时教学实现的。本节主要对高校田径课程单元教学计划和课时教学计划的设计进行分析。

一、田径课程单元教学计划设计

对田径课程内容进行单元化的系统安排的过程即为田径课程单元教学计划的设计。在单元教学计划中，课程内容以单元为划分单位，通过组织实施单元教学内容而确定单元教学的基本框架。田径课程每个单元的教学内容相对完整，能够将田径课程的设计思想与教育理念反映出来。下面具体分析田径课程单元教学计划的设计思路与步骤。

（一）设计思路

1. 制订教学目标

田径课程单元教学目标是经过一个单元的田径课程教学而最终要达到的目标，制订单元教学目标时，要准确说明本单元教学结束后学生应该学会什么、掌握什么，达到什么程度。对田径课程单元教学目标的设计要以学段不同领域的水平目标为依据，将学段目标分解成具体的目标，这样更容易评价单元教学的效果和目标达成情况。

2. 设置学时

田径课程教学中，学生在单元教学中学习与掌握内容的广度与深度直接受到本单元教学时长的影响。单元教学时数不宜太少，如果是小单元教学，那么教学内容不宜过多，否则增加学生的学习负担，影响学生的学习兴趣，最终不利于良好教学效果的获得。一般建议安排大单元教学，每学期2～3个单元为宜。各单元的时间跨度适当加大，不同单元的教学内容尽可能不重复，但可以针对同一教学内容提出不同的教学要求，逐渐增加教学难度。通常要以单元教学内容的多少和难易程度对该单元的学时进行设置，同时也要考虑学生的基本情况。

3. 制订教学策略

为实现单元教学目标而采用的一系列教学方法、手段、模式以及媒体因素等总称为教学策略。在单元教学中要解决教师如何教和学生如何学的问题，就必须确定教学策略，包括教师教授的策略和学生学习的方法。不同教学情况下或不同单元教学中适合采用的教学策略是有差异的，为了达成单元教学目标，在一个单元的田径教学中往往要采用诸多教学策略，掌握的教学策略越多，在实践中选用的空间就越大，各项策略取长补短，能够提高单元教学效果。

（二）设计步骤

（1）以高校田径课程学段水平目标、田径课程学年教学目标、田径课程学期教学进度以及某些目标的达成度为主要依据，对各个单元的教学目标予以明确。

（2）以课程内容的学时数和难易程度为主要依据对每次课的学时目标进行制订。

（3）根据单元教学目标和课程内容对单元教学的组织形式进行设计与选择。

（4）对每节课的教学策略进行设计。

二、田径课程课时教学计划设计

在田径课程单元教学计划中，按逻辑程序分割出来的每一节课的教学计划就是课时教学计划，单元教学计划要通过若干课时教学去逐步完成。课时教学计划也称教案，也就是一节课的教学方案。下面具体分析田径课程课时教学计划的设计。

（一）设计思路

1. 准确提出教学任务

田径授课教师在备课和设计教案时，必须明确这节课的教学目标，要依据教学目标而确定教学任务，教学任务必须是具体的，可完成的，是能够对教学效果和教学目标的达成程度进行检验的。教学任务的用词必须严谨、具体，不能抽象概括，如将掌握掷标枪技术的教学任务改为初步掌握或基本掌握掷标枪技术，将运用跳远技能改为初步运用跳远技能或熟练运用跳远技能，要根据教学对象的实际情况而确定“初步”“基本”“熟练”等程度词汇。

2. 正确选用教学方法

田径授课教师在不同教学阶段都要从众多教学方法中挑选适宜的教学方法，选择教法是教学目标与任务、教学条件、教师能力、教学内容等都是必须参考的重要依据。为满足教学需要和提高教学的趣味性，教师往往要采用多种教学方法，但因为课时有限，所以要有侧重地实施各种教法，充分发挥不同教学方法的价值与作用。

3. 合理安排负荷

田径实践课上学生的练习活动占用了大量时间，学生的练习效果及实践课的教学效果与运动负荷密切相关，因此安排运动负荷很重要。田径授课教师要循序渐进安排运动负荷，通过改变运动量、练习时间、练习强度、练习密度、练习难度等要素来调整运动负荷，旨在促进学生通过有效练习而熟练掌握与运用田径技术。

4. 前后课次合理衔接

设计一节课的教学计划，要参考前一节课的计划内容，并设想下节课的教学计划，不仅相邻课次要紧密衔接，各个单元的教学也要密切联系，避免学生学习新知识就忘了旧知识，要促进学生实现知识与技能的正向迁移，达到温故知新的学习效果，从而提高学习效率和学习水平，达到有效学习的良好效果。

（二）设计步骤

田径课程课时教学计划的设计步骤如下。

（1）将课时教学目标确定下来。

（2）对本节课的教学内容加以筛选和组合排列。

（3）根据本节课的教学内容和教学目标对教学方法、学习方法以及教学组织形式进行设计。

（4）对课堂教学时间、练习时间进行安排。

（5）对课堂练习的密度和运动负荷进行设计。

（6）对场地器材的布置、教学用具的使用加以明确。

（7）课后小结。

田径授课教师常常使用表格形式设计教案，尤其是实践课的教案，表格式教案形式简单，明确了课堂教学的结构、内容、组织形式与方法，而且不同教学部分的教学目标与任务、教学内容与方法以及教学组织形式是相对应的。课堂结构明确，教学重难点明确，时间分配明确，各部分的教学连贯衔接，形成一个整体。

常见的田径课程教案表格形式见表2–2和表2–3。

表2–2　表格式教案一[①]

<table>
<tr><td>班级</td><td></td><td>人数</td><td></td><td>课次</td><td></td><td>上课日期</td><td></td></tr>
<tr><td>教学内容</td><td colspan="7"></td></tr>
<tr><td>教学任务</td><td colspan="5"></td><td>课的类型</td><td></td></tr>
<tr><td>课堂结构</td><td>时间分配</td><td colspan="6"></td></tr>
<tr><td>准备部分</td><td></td><td colspan="6"></td></tr>
<tr><td>基本部分</td><td></td><td colspan="6"></td></tr>
<tr><td>结束部分</td><td></td><td colspan="6"></td></tr>
<tr><td colspan="2">器材与设备</td><td colspan="3"></td><td colspan="2">运动负荷曲线</td><td></td></tr>
<tr><td colspan="2">课后小结</td><td colspan="6"></td></tr>
</table>

① 李爱国.田径运动教学研究[M].武汉：武汉大学出版社，2017.

表2-3 表格式教案二[①]

<table>
<tr><td>班级</td><td colspan="2">人数</td><td>课次</td><td></td><td>上课日期</td><td></td></tr>
<tr><td>教学内容</td><td colspan="2"></td><td>教学目标、任务</td><td colspan="3"></td></tr>
<tr><td>课堂结构</td><td>时间</td><td>授课内容</td><td>组织工作</td><td>教学步骤</td><td colspan="2">常见问题与处理</td></tr>
<tr><td></td><td></td><td></td><td></td><td></td><td colspan="2"></td></tr>
<tr><td></td><td></td><td></td><td></td><td></td><td colspan="2"></td></tr>
<tr><td></td><td></td><td></td><td></td><td></td><td colspan="2"></td></tr>
</table>

第五节 基于系统理论的高校田径课程设计

一、系统论

系统是一个整体，它由诸多元素按一定逻辑关系和方式结合起来，随着各项元素的不断变化与调整，系统整体也在不断演化发展。不同的系统有自身独特的属性、目标、价值及功能，这主要体现在其与其他系统和周围环境的互动中。系统论是人们从哲学视角理解与概括系统基本原理和方法后形成的观点体系。系统论揭示了世界的系统整体性，从系统及其结构、层次与功能等方面的统一性这一角度回答了世界是什么、怎么样的问题，并进一步揭示了世界的统一性，还表现为世界的演化发展等诸多现象。

① 李爱国.田径运动教学研究[M].武汉：武汉大学出版社，2017.

从系统论的角度审视田径运动系统，可以将田径运动系统概括为由相互联系、相互作用的田径运动要素所组成的具有一定结构和功能的有机整体。田径运动系统具有多元性和相关性，系统中的组成元素相互之间密切联系、相辅相成。

二、系统理论下高校田径课程设计

（一）系统的结构与高校田径课程设计

系统是由不同层次、不同性质的元素组成的一个整体结构，系统组成元素是研究系统结构与系统整体性的主要着眼点。系统的组成元素有哪些，哪些是基本元素，哪些是主要元素，哪些是次要元素，这都是在系统结构研究中要弄清的问题。

从系统这个整体来看，系统决定了其各组成元素的属性及功能。任何一个元素的变动又会使整个系统的运作发生变化，元素对系统的影响可以用牵一发而动全身来说明。元素的基本属性决定了其在系统中发挥的作用，不同性质的元素在系统中各自发挥着不同的作用，系统中任何一个元素的作用都是必不可少、不可替代的。倘若某个元素的作用对系统整体没有影响，可以被替代，那么该元素就没有存在的意义了，应该从系统中清除这类没有价值的元素。

系统的组成元素多种多样，有些元素在很大程度上影响着系统整体的性质与功能，甚至起决定性影响，我们将这些主导性的关键元素称为系统的要素。什么样的元素可以称为系统的要素，要根据元素所能发挥的作用及其对系统整体的影响程度来判断。不同元素对系统的重要性都是相对而言的，元素和要素能够相互转化，对系统有重要意义的元素可以转化为要素，而当系统的结构、性质或其与周围环境的关系发生变化后，原来的要素也可能重新成为普通的元素，而原来的普通元素转化为要素。

任何一个系统都有自己的结构与功能。每个系统中所包含的各种要素之间的排列与组合都是有次序、有规律、有逻辑的，系统的结构是否紧密、稳定，与其本身是否有序有直接的关系。系统具有层次性，复杂系统的层次性更鲜明，系统内部各要素（子系统）之间密切联系，相辅相成，共同推动系统的稳定发展。田径教学系统是体育教学系统的子系统，而学校体育系统又包含了体育教学这一子系统，为形成最佳田径课程设计，既要对田径教学系统内部各要素之间的关系有清晰的认识，又要了解田径教学系统与其上层系统以及平行系统之间的关系。

系统的结构和功能相对独立，又相互依赖，对二者的关系形成正确的认识，有助于对高校田径课程设计系统各要素之间的关系及田径课程教学过程和教学系统之间的关系有正确的了解，从而提高课程方案的设计效果，提高课程方案实施的真实效果。

（二）系统的特性与高校田径课程设计

1. 整体性

任何一个系统都是由两个或两个以上的要素组成的，组成要素相互区别，相互联系，它们以一定的规律、次序组成系统，体现了系统的综合性。虽然系统中各要素的功能有区别，但它们构成整体的系统是遵循一定的逻辑规律和统一要求的。系统由各要素组成，但并不是说各要素简单组合就构成了系统，基于各要素简单相加而建立的系统不是真正的系统，这样的系统不具备一个真正系统作为整体而具有的功能的。各要素按照一定逻辑关系和统一要求组合而成的系统具有作为整体的特定功能，虽然单独评价其中每个要素都有自己的缺陷和不足，但是它们的优化组合使得系统具有良好的整体功能。相反，即使系统内各组成要素各自都非常完善，如果不能按照一定的关系优化组合，也就无法使作为整体的系统拥有成熟的功能。系统作为整体的功能比各要素的功能之和要大。

从系统的整体性特征来看，田径教学就是一个整体的系统，在高校田径课程设计中要对系统内不同层次子系统的情况进行分类研究，从而对课程教学内容进行有针对性的安排，对课程教学方法进行恰当选用，同时为科学安排训练负荷提供依据，最终实现系统整体的综合功能，实现良好的增值功能，提高田径课程设计与实施的标准与效果。

2. 动态性

系统具有动态性，这主要是因为系统的组成要素之间密切联系、相互作用与制约，而且系统与外部环境也不断进行着交换与互动，具体表现在能量交换、信息互动、物质交换等方面。具有动态性的系统是不确定的，是随机的，面对这样的系统，人们要学会随机应变，根据情况变化采取策略，从而促进系统的动态发展及其整体功能的充分发挥。在高校田径课程设计中，要认识到田径教学系统的动态性，灵活设计，留出调整与完善设计方案的空间。

3. 目的性

每个系统所指向的目标都是特定的，要实现特定的目标，就要充分发挥系统的功能。在高校田径课程教学设计中，要充分发挥田径教学系统的整体功能及各要素的功能，以优化田径教学效果，提高田径教学质量，实现田径课程教学目标。

4. 相关性

系统的内部组成要素不是完全独立的，各要素之间相互依赖，相互制约，存在着密切的相关性。在高校田径课程设计中，要了解田径课程教学系统内各组成要素之间的内在联系与密切关系，如教师与学生的关系，教学内容与教学策略的关系，教学条件与教学环境的关系等，了解这些结构性要素的相互关系，有助于利用这些关系来提高田径课程设计的效率，充分实现田径课程教学系统的整体功能。

5. 反馈性

系统的反馈性主要体现在其自身所具备的自我调节功能上，要使系统维持稳定与平衡，就要充分调动这个反馈功能。为了进一步理解系统的反馈性，我们将系统的反馈解释为从系统的环境中收集关于系统产物的信息，尤其是关于产品优缺点的信息。在高校田径课程设计系统中，设计方案就是前面所说的产品，方案的可行性高就代表产品的优点，可行性差就代表产品的缺点。

综上，系统论对高校田径课程设计的作用主要表现在如下两方面。

第一，为高校田径课程设计方案的制订和田径课程教学问题的解决提供了系统工具。

第二，提出系统分析的方法与策略，从而在高校田径教学设计中对相关教学要素进行分析，在分析的基础上优化各个要素，完善教学系统的整体功能。

第三章　高校田径教学理论与体系建设

高校田径教学的实施需要在科学理论的指导下完成，并依据科学理论构建田径教学体系，只有坚持科学理论的正确指导，有序实施教学体系中的各个教学要素，才能更有组织、有计划、有目的地开展实践教学工作，提高田径教学的科学性，取得良好的教学效果。本章主要对高校田径教学理论与体系建设进行研究，在简要阐述高校田径教学理论的基础上，分析对包括田径教学目标、教学内容、教学方法、教学模式以及教学评价等教学要素在内的田径教学体系的建设，从而为高校田径教学的顺利开展提供科学的理论与方法指导。

第一节　高校田径基础教学理论

一、高校田径教学理念

（一）健康第一理念

在时代不断进步、经济迅猛发展的今天，我国对人才的需求越来越严格，对全面型人才的需求持续增加，因此高校教育在培养人才方面越来越注重全面发展。大学生作为国家的未来和民族的希望，承受一定的学习压力和就业压力，时间多用于学习、为就业作准备，参加体育锻炼的时间少，影响了体质健康。而且很多高校对体育教育不太重视，对大学生体育活动的举办也没有给予足够的支持与鼓励，而且组织体能测试也不够严格，所以大学生的健康无法得到有效保障。健康是奋斗的“本钱”，大学生如果身心不健康，是没有精力奋斗的，最终也没有能力为祖国建设贡献力量。为了更好地培养全面型人才，推动国家现代化建设，高校要树立“健康第一”的教学理念，在这一教学理念下制订田径教学的策略与计划，加强田径教学改革与创新，高度重视在田径教学中对大学生健康体质的培养，为国家培养身心健康、全面发展的栋梁之材或身心健康、专业突出的田径后备人才。

（二）人本教育理念

人本主义理论的核心思想是，我们要以人性为中心来探讨技术性因素的发展，然后促进人与自然环境、社会环境的和谐发展。人本主义思想体现了对人性、个性的尊重，对促进人的全面发展具有重要意义。现在，人本主义理论受到了广泛的认可，在很多领域都树立了该理念，在这一思想的指导下开展工作，教育领域同样如此。将人本主义理念引进教育领域，将该理念的核心思想与教育的特征相结合，从而形成了人本教育理念。

人本教育理念的基本思想是，教育活动是围绕学生这个核心而展开的，应该将教学活动的中心定位在学生角色上，而不是教师，要围绕学生这个中心角色的兴趣爱好、个性需求而设置课程，实施教学过程，要根据不同学生的不同情况而进行区别化、个性化教学，要将所有学生的潜能充分激发出来，促进每个学生的健康与发展。

人本教育理念尊重人的本质属性，并由此出发通过科学教育来满足人的心理需求，实现人的个性化发展目标，促进人生命质量的提升，从一定程度上而言，这与全面发展的教育理念是非常契合的。高校田径教学要树立人本教育理念，以大学生为本，最终促进大学生的全面发展。

（三）快乐教学理念

高校田径教学如果缺少了乐趣，单纯严肃地讲解知识，传授技能，那么大学生就会在长期枯燥的教学中失去兴趣，最终影响田径教学质量。所以，开发田径教学中的趣味元素，或将趣味元素融入田径课堂，提高教学的趣味性非常重要。这就需要在高校田径教学中树立快乐教学理念，强调培养大学生运动兴趣和创造力的重要性，让大学生的身体素质、基础运动技能在充满趣味、轻松活泼的教学氛围中得到提升。

在高校田径教学中树立快乐教学理念，建议田径教师适当运用情感教学法，培养大学生健康体质、运动技能的同时注重学生人格的培养与健全，同时要使大学生树立自觉学习、乐于学习的学习观，在学习过程中享受乐趣，领悟奥妙。为了提高高校田径教学的趣味性，吸引大学生的学习注意力，田径教师还要重视对传统教学方法的改革，适当设计一些游戏教学方法来活跃田径课堂氛围。

（四）终身体育理念

人们在任何时间和地点都能根据自身实际情况和现实需要而从事适宜的体育锻炼活动，这就是一般意义上的终身体育理念。终身体育包括学校体育、家庭体育、社会体育，这是从终身体育的构成空间上而言的。不管是什

第二节　高校田径教学目标的设置

一、高校田径教学基本目标

高校田径教学的基本目标是使学生对田径基本理论、基本技术及技能予以掌握，形成良好的田径健身锻炼习惯，具备组织田径活动及竞赛的基本能力。基于田径教学的基本目标对学生提出了如下要求。

第一，在高校体育中，田径运动居于重要地位，具有重要作用，学生要对此有所认识，并对田径运动产生兴趣。

第二，关于田径基础理论知识、基本技术技能，学生要予以掌握，并能在田径健身锻炼、训练或比赛中将田径运动理论知识运用到实践中，用理论指导实践。

第三，高校体育教育专业学生要具备良好的田径教学能力，不仅自己会做、会学，还要会教、会讲；能够指导他人进行科学的田径锻炼；能够对校园田径课外活动进行组织与管理；能够在实践中表现出良好的创新能力。

第四，专修田径课程的学生应具备田径科研能力、田径训练指导能力和田径竞赛组织裁判能力。

上面简要分析了高校田径教学的基本目标及在基本目标下对学生的基本要求。高校田径教学的具体目标与课程性质、教学环境、教学对象等因素有关，这些因素不同，教学目标也就有所差异。

高校田径普修课程和专修课程的教学目标不同，前者主要是为了对学生的田径兴趣进行培养，提高学生对田径运动的科学认知水平，使其对基本的田径知识与技术有所掌握，并对田径教法和学法有基本的了解。后者主要是为了促进学生田径技能水平的进一步提高，使其深刻理解田径文化，并具备基本的田径训练能力、竞赛能力以及科研能力。

拓展训练是高校田径教学的重要组成部分，开设的项目主要包括定向越野、野外生存等，开设这类性质的田径课程主要是为了对学生的身心健康素质、社会适应能力进行培养，使学生形成勇往直前、勇于克服困难、团结协作、坚持不懈的良好精神品质。

田径教学的具体目标与教学对象也有关，对象不同，目标也有差异。如果教学对象是运动训练专业的学生，那么田径课程教学主要为了对学生的训练能力、专业技能进行培养；如果教学对象是体育教育专业的学生，那么田径课程教学主要是为了对学生的田径教学能力进行培养；如果教学对象是社会体育专业的学生，那么田径课程教学主要是为了对学生的田径健身锻炼能力、田径健身活动组织能力以及田径健身锻炼指导能力进行培养。

总的来说，在高校田径教学中要根据课程性质、教学环境、教学目标而制订合理的教学目标，教学目标要有所侧重，教学目标确定好后，以此为导向而提出对不同专业学生的具体要求。

二、高校田径教学目标的设计要求

设计高校田径教学目标，要讲究一定的技术，具体要掌握以下技巧或满足下列几方面的要求。

（一）规范化

在田径课程教学目标的设计中要满足规范化要求，即对教学行为特点和教学行为层次予以规范，如关于学生做什么动作的目标描述中，要明确指出是徒手模仿做出该动作，还是持器械做出该动作；如果是持器械，那么是持轻器械还是一般重量器械或者是高出一般重量的器械；要求学生做出该动作是经常做出还是偶尔做出即可；要求学生在什么强度下完成该动作；要求学生独立完成还是在辅助下完成该动作；等等。

（二）情境化

在田径课程教学目标的设计中要指出教学环境或条件，明确在什么样的环境或条件下让学生达到怎样的要求。例如，让学生体会动作是在什么样的情境下使用，是自主练习中，还是教师的帮助或指导下；让学生完成动作是在什么样的条件下完成，是独立完成，还是在标准作业条件或辅助条件下完成；让学生进行练习是在什么样的环境下进行，是在校园中练习，还是在野外环境中练习；等等。

（三）限制化

对田径课程教学目标进行制订，要将相关要求或标准明确提出，如关于器材重量、动作完成程度的标准等，标准明确化的教学目标才更具有良好的导向作用。

三、高校田径教学目标的设计案例

体育教学目标体系具有多层次性和系统性，田径运动作为体育教学的重要内容，要在学校体育目标的引导下确定田径教学目标、单元教学目标和课时教学目标。下面具体以田径单元教学目标为例来分析高校田径教学目标的设计，授课内容为俯卧式跳高。

田径普修课中俯卧式跳高技术教学的单元目标包括三个维度，分别是知识维度、技能维度和情感维度。

（一）知识维度的教学目标

（1）对俯卧式跳高的教学方法、教学步骤和练习方式加以掌握。

（2）能对俯卧式跳高技术的特点予以说明。

（3）对背越式跳高和俯卧式跳高之间的相同点与区别有所理解。

（二）技能维度的教学目标

（1）能够在不同条件下完成完整的俯卧式跳高技术。

（2）能对自身或同学完成俯卧式跳高技术的质量进行客观评价，并提出哪些地方需要改进以及如何改进。

（3）能运用所掌握的理论知识和技术技能上一节俯卧式跳高实践课，并根据教学对象的实际情况而灵活授课。

（4）能运用已掌握的技能或技巧对专门性的练习方法进行创造性设计，在创造性练习的过程中实现技术的正迁移。

（三）情感维度的教学目标

（1）能够克服紧张、害怕甚至是恐惧心理，自觉主动进行练习。

（2）能够形成良好的思想道德。

第三节 高校田径教学内容的选择

一、高校田径教学内容的组成

高校田径运动教学内容的构成体系如图3-1所示，图中直观地显示出高校田径教学内容体系由健身性内容、运动竞赛及运动文化组成。

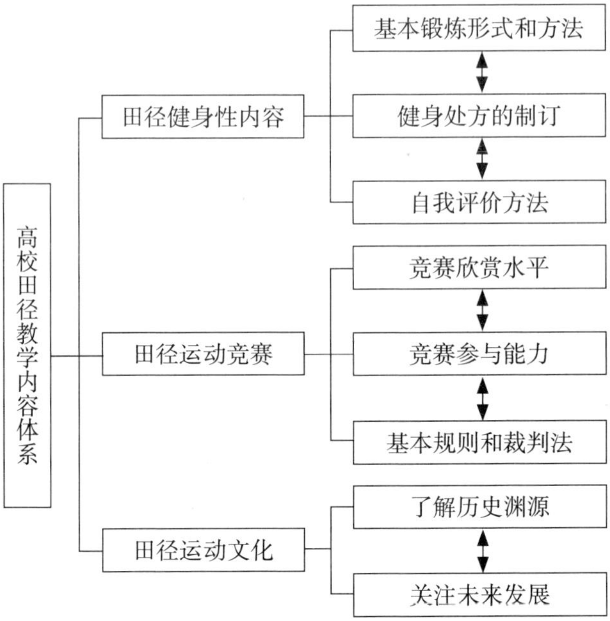

图3-1　高校田径教学内容体系[①]

（一）田径健身性内容

从上图来看，田径健身性教学内容主要包括下列三个方面。

1. 基本锻炼类内容

田径运动包括走类运动、跑类运动、跳类运动以及投类运动四大板块，它们构成了田径运动锻炼的主要内容与形式。

2. 健身处方类内容

强身健体、康复保健是田径运动的重要功能，也是部分学生参与田径健身锻炼的主要动机与目的。以健身与康复为主要动机的田径参与者要根据自己的身体情况、兴趣爱好、学习基础、运动能力去制订适合自己的运动处方，明确健身锻炼的时间、强度与频率。然后根据运动处方和计划去参与田

① 杜吉生.普通高校田径教学内容的特点分析与体系构建[J].吉林体育学院学报，2007（02）：105-106.

径健身锻炼，最终达到理想的锻炼效果，养成良好的锻炼习惯，有效提高健康水平。通过健身处方类内容的教学，学生要具备为自己或为同学制订运动处方的能力，并能根据不同田径项目的特点制订专门的运动处方，在锻炼实践中也要能够根据主客观因素的变化而灵活调整健身运动处方。

3. 自我评价类内容

学生在田径健身锻炼中也要掌握基本的评价方法来评价自己的健身锻炼效果和锻炼处方的科学性，并能对自身的身心健康水平、运动水平进行主客观的综合评价。

学生在田径健身锻炼的过程中，要学会进行主观性的自我评价，即观察自己的身体状态和精神状态，体会疲劳程度，然后根据这些情况对锻炼处方进行调整，以免引起过度疲劳，伤害身心健康。

除了主观评价外，学生也要以标准的田径考核成绩评定指标为参考而对自己的体质、田径技能水平进行评价，在客观评价中将所掌握的理论知识运用其中。在客观评价中既可以评价生理机能水平，也可以评价心理健康水平，以检验自己的身体机能与身体素质，了解自己的心理状态与精神状态，从而更有针对性地进行田径健身锻炼和田径学习，以持续提升自己的身心健康水平和田径运动能力。

（二）田径运动竞赛

田径运动竞赛也是高校田径教学的主要内容之一，具体包括以下几方面的内容。

1. 竞赛参与

在田径竞赛参与类内容的教学中，要让学生对参与的方式与方法以及比赛注意事项予以掌握，对学生参赛的积极性进行培养，使学生养成积极参与体育活动的好习惯，并能倡导他人共同积极参与体育活动。学生在参与比赛的过程中，要清楚自己的日常锻炼情况、身体健康水平，根据自己的真实水平参加适合自己的比赛，比赛中要懂得自我健康监测，如果有明显的不适症状，要及时中止比赛，不要逞强，否则会酿成严重的后果。学生也要掌握田径比赛中常见损伤的紧急处理方式，能够及时化解危机，这都是在培养学生竞赛参与能力中不可忽视的重要方面。

2. 竞赛规则和裁判法

学生参与田径比赛，要对田径运动竞赛规则与裁判法有基本的认识与理解，并能利用规则来提高自己的田径运动水平。在比赛规则允许的情况下要努力展现自己的技能。与此同时，学校还要培养学生的田径裁判能力，组织校园田径比赛或运动会来为学生提供执裁机会，促进学生实践能力的提升，为有从事田径裁判工作倾向的学生提供良好的实践机会。

3. 竞赛欣赏

田径竞赛欣赏类内容的教学主要是为了对学生的观赛兴趣及赛事欣赏能力进行培养，使学生在观赛中愉悦心理，陶冶情操，强化民族意识，提升民族自尊心和自豪感，并树立向运动员学习顽强拼搏精神和坚强意志品质的信念。很多大学生对一些重大田径赛事还是比较关注的，而且喜欢看优秀运动员参加的精彩赛事，学校可以组织学生观看田径比赛，利用这个机会进一步普及田径运动，并培养学生的田径竞赛欣赏素养。

（三）田径运动文化

田径文化是高校田径运动教学的一项重要内容，通过向学生讲解田径运动的发展历史、基本理论知识，分析田径运动的未来发展趋势，能够使学生了解田径运动形成与发展的来龙去脉，掌握田径基本文化知识，这是培养学生传播与传承中华民族田径文化使命感的重要机会。高校作为体育文化的重要传播与传承基地，理应将田径文化作为重要教学内容而重视起来。

二、高校田径教学内容选择与设计的要求

（一）健身性与竞技性

田径运动兼具健身性与竞技性两个属性，有的学生参与田径运动更看重

其健身性，如强身健体、提高心理素质、陶冶情操、愉悦身心等；而有的学生参与田径训练或比赛则更看重其竞技性，如提升运动素质、发挥潜能、争取良好的运动成绩。以健身为目的和以竞技为目的参与田径运动的学生要注意在参与实践中应参考不同的理论基础，采取不同的练习方法，甚至选择的活动环境如场地和器材也是有区别的。

事实上，田径健身活动也具有竞技属性，而田径竞技活动也具有健身属性，只是侧重点不同。田径健身活动中的竞技性强调的是在不同练习者之间比较运动能力的不同。田径竞技运动中的健身性强调的是田径训练、田径比赛对参与者运动素质、运动能力产生的影响。

普通高校的田径课程教学更注重田径运动的健身性，体育专业往往是健身性和竞技性二者兼顾。在“健康第一”教育思想的指导下，高校开展田径课程非常注重对学生身心健康素质以及社会适应能力的培养，强调通过田径教学全面提高学生的健康水平和身体活动能力。为了达到这一目的，高校要选择具有健身功能与娱乐价值的田径教学内容，培养学生的学习兴趣，提升学生的健康水平。在健身性田径教学内容的组织与实施中，要从不同专业学生的实际情况出发而安排教学方法与运动负荷，要尽可能满足不同专业学生的需求，但适当将田径运动的竞技性淡化到大部分学生都能普遍接受的程度。从而通过田径教学达到知识、技能、情感、社会适应等不同领域与维度的教学目标。

高校田径教学强调田径运动的健身属性，但也不能忽视这类运动的竞技属性。针对体育专业尤其是运动训练专业的学生开设田径课，要将田径运动的竞技性重视起来，要通过科学专业的田径训练来提高学生的专项竞技能力。面向这类学生进行田径运动教学，要注意选择竞技性突出的教学内容，严格规定运动场地、运动器材的规格与标准，加强专业指导，对学生的田径技能提出较高的要求，挖掘与培养优秀的田径后备人才，多组织比赛来提升他们的实战能力。

（二）趣味性与全面性

田径运动技术比较单一，而且相对来说难度也不大，学生在田径课上反复学习单一的动作，长此以往，便会产生无趣的乏味感，甚至是厌学情绪，为避免这种情况发生，选择具有趣味性的教学内容很有必要。将田径趣味游戏引进田径课堂中对于提升学生的参与兴趣和热情以及提高学生的参与效果具有重要意义。田径授课教师要具有灵活变换教学方式和设计游戏活动的能力，如在跑类运动教学中，不能一味让学生进行重复跑练习，而要适当组织一些游戏或比赛，如接力跑比赛，这样学生便会积极地参与其中。因此，田径授课教师要从学生的学习需要出发，采取丰富多样的教学形式来实施趣味性田径教学内容，使田径课堂教学氛围更加活跃，使学生的学习热情高涨，最终达到良好的课堂教学效果。

选择趣味性田径教学内容，不仅要关注对学生学习兴趣和健康体质的培养，而且还要使学生在趣味性练习过程中掌握田径技能，形成良好的心理品质、道德品质和精神品质，并提高社会交往能力，实现全面发展。在全面发展教育理念下选择对学生身心、道德、精神、社交等多方面全面发展有益的教学内容非常重要。

（三）适宜性与发展性

高校田径授课教师要从学生的身心素质水平、运动能力、学习能力、年龄特征等真实情况出发而选择田径教学内容，与此同时还要考虑学校的教学环境、师资力量等因素，这强调的是内容选择的适宜性、匹配性。例如，对于初级学习水平的学生，适宜选择快速跑、接力跑、跨越式跳高、蹲踞式跳远等较为简单易学的教学内容，并在教学中适当放松要求，以中小强度练习为主。当学生的田径运动水平提高后，可增加三级跳远、障碍跑等动作稍复杂一些的项目。在高校田径运动器材充足的情况下，当学生达到一定的水平后，可传授跨栏跑、背越式跳高等技术。

发展性是指选择的田径教学内容要满足不同学生的需要，区别对待，使学生基本运动能力有所发展和提高。通过因材施教达到使全体学生受益的目的。

三、不同田径项目活动内容选择与设计参考

高校田径教学中主要开设四类课程，分别是走类项目课程、跑类项目课程、跳类项目课程和投掷类项目课程，此外拓展训练类课程近年来在高校田径教学中也颇受重视。田径教学内容非常丰富，为满足不同学生的需求，在各类课程中也要开设丰富多彩的活动，提高学生参与的积极性。表3-1中列出了不同田径项目课程适宜组织的活动内容，为高校田径教学内容设计提供参考。

表3-1　田径课程教学常见活动项目

田径类项目		活动内容
走类项目活动内容	健康性走步活动	协同走 踏步走 走楼梯 倒退走 快步走 跑台健身走
	走步竞技活动	定距竞走 定时竞走 计时竞走
跑类项目活动内容	健康性跑步活动	耐力跑 50米×8往返跑 自然地形跑 人工障碍跑 自然障碍跑 协同跑 背人跑 两人三足跑 跑台健身跑 跑跳绳

续表

田径类项目		活动内容
跑类项目活动内容	跑步竞技活动	50/100米短跑 4×100米接力跑 50/100/110米跨栏跑 800/1000/3000米长跑 越野跑等
跳跃类	健康性跳跃活动	立定跳远 连续跨步跳 连续单足跳 原地抱膝跳 立定三级跳远
	竞技跳跃活动	蹲踞式跳远 挺身式跳远 三级跳远 跨越式跳高 背越式跳高等
投掷类	健身性投掷活动	掷沙包 掷垒球 掷飞盘 推实心球 前抛实心球
	投掷竞技活动	原地背向推铅球 背向滑步推铅球 掷标枪
拓展训练	心理拓展训练项目	团队协作训练 团队沟通训练 团队融冰训练 团队信任训练 个人、集体挑战训练
	野外生存	
	定向越野	

第四节　高校田径教学方法的设计与运用

一、高校田径课程常见教学方法与运用

在高校田径教学中，为了达到良好的教学效果，科学有效的教学方法必不可少，教师在田径教学中要结合各方面的实际情况和为田径教学目标服务的需求来合理运用教学方法。

下面具体分析适合在高校田径教学中运用的教学方法。

（一）讲解法

讲解法是指教师使用各种符合学生认知与接受能力的语言，对田径知识与技术方法进行讲解，使学生能够理解和记住田径技术的动作、要领、做法及要求，通过教师的指导，学生能够顺利地掌握田径知识与技术。采用讲解法进行田径教学，要注意以下几点。

（1）选择简洁、形象、生动的语言进行讲解。

（2）教师在讲解时，应注意语调、节奏、表情和手势等的变化，激发学生的学习兴趣。

（3）讲解应富有启发性，可适当结合提问的方式，启发学生积极主动地思考与回答。

（二）示范法

示范法是指教师准确示范田径技术方法和动作过程，让学生对运动技术能够有直观的、形象的了解和掌握。教师在采用示范法时应注意以下几点。

（1）每次示范应有明确的、具体的目的。为便于学生理解与接受，教师的每一次示范动作最好只有一个目的，并且通过放慢速度的方式进行示范，

让学生能够清晰地看到动作过程和动作要点，方便他们掌握和记忆。

（2）选择正确的示范面。常用的示范有镜面示范、侧面示范和背面示范。教师在进行示范时，应根据动作的便捷观察角度合理选用示范面。简单的动作可以采用镜面示范；如需改变方向或是路线，则采用背面示范，便于模仿学习；如需让学生看清动作的细节，可以采用侧面示范。各种示范面也可以结合使用，根据实际情况灵活安排。

（三）练习法

在教师讲解和示范后，要让学生进行模仿和练习。在教师的指导下，学生通过模仿和自己主动思考，进行各种田径动作的练习。练习法主要是让学生亲身体会动作的过程，通过身体力行，逐渐掌握田径运动技能。运用练习法时应注意以下几点。

（1）教师应及时预防与纠正学生的错误动作，可在学生自主练习前进行提醒，也可以在学生练习过程中观察其动作，及时指出错误，分析原因，给予指导。

（2）遵循循序渐进的原则，合理安排练习负荷。

（3）设计田径游戏练习法提高学生练习的积极性。

（四）游戏教学法

创设与运用田径游戏是田径教学中常用的方法之一。田径游戏将游戏和田径教学融合起来，突出学生学习的主体性和发展的综合性，需要在教师的有效干预下实施。创设田径游戏要求将其与田径教育融为一体，使田径教学目标在田径游戏过程中得以实现。创设的游戏要能够使学生在良好的情境中学习，将学生的参与积极性成功调动起来。学生身心发展规律、基础运动水平以及田径教学训练原理等是创设田径教学游戏需遵循的理论依据。

在田径游戏的运用与实施中，整个过程离不开教师的有效干预。教师的干预必须是有效的，也就是通过干预要能够对学生的学习起到积极的作用，而不是一味地惩罚违背游戏规则的学生或批评没有完成游戏任务的学生。游戏教学法的运用具体涉及创编游戏、选用游戏、干预控制游戏过程以及评价游戏实施效果等诸多教学环节。

（五）启发式教学法

传统田径教学中，教师采用的教学方法具有较强的指令性，教学方式以命令学生执行某个规定为主，教师在课堂上有绝对的支配权，这严重限制了学生主体性、能动性和个性的发挥，也不利于调动学生学习的积极性，不利于学生的长远发展。此外，教师控制课堂也忽视了与学生的互动，不利于形成良好的教学氛围。

为提高学生主动参与田径教学的积极性，在高校田径课程教学中应将一部分控制权交给学生，以启发式教学为主，田径教师主要是利用学生的田径基础知识、基础技能及其他相关知识等个人经验，选择学生身边发生的事例去引导他们主动思考、实践，并有所领会和感悟，这对学生掌握田径知识和技能是有积极作用的。

在田径教学中采用启发式教学法，教师要适当提一些问题，以开放性问题为主，体现出问题的预设性和描述性，提问要有依据，要系统一些，便于学生独自生成信息，使学生能够在问题面前主动思考、判断和做出回答。启发式教学方法的应用形式是多种多样的，包括直观启发、比喻启发、对比启发等，在田径课程教学中要灵活应用不同形式的启发方式，引导学生积极思考，提高学习效果。

（六）合作教学法

在高校田径教学中，不仅要采用启发式教学法培养学生的积极主动性和思考能力，还要采取合作教学法对学生的团队精神、合作能力及社会适应能力进行培养，在接力跑教学中尤其要注重对合作教学法的运用。合作教学中不仅要强调学生与学生之间的合作，还要注重师生之间的合作、教师与教师之间的合作，营造良好的课堂氛围，具体采用学习小组的教学组织方式，在教学评价中不仅要评价个人表现和成绩，还要评价小组成绩，具体采用的教学手段要有助于促进学生良好心理品质的形成和合作能力的提升，增强学生的社会适应性。

在合作教学过程中，要合理分配学习小组，各小组分工明确，每个学生要清楚自己的角色，小组成员之间相互合作，取长补短，发挥团体的力量来提升团队成绩。

（七）多媒体教学法

当代社会，多媒体教学法已经渗透到教育的各个领域，其中也包括各级各类学校的体育教学领域。高校面向对多媒体技术感兴趣的大学生进行田径教学时，采用多媒体教学方法是非常可行的。多媒体教学法具有丰富的视听素材，可以帮助学生更快、更准确地理解教学内容，教师可以采用直观的多媒体教学手段更加生动地传授田径技术方法与实践经验，这非常符合学生的认知水平和兴趣爱好，采用多媒体教学方法能够使学生很快地进入学习状态中。

在多媒体设备的辅助下，教师可以将单调、难以用语言生动表达的教学内容转化为学生喜欢的动画形式，在声音、画面全面环绕的情境下，学生可以更好地集中注意力去掌握田径各类项目的技术动作。

三、田径运动技能形成过程中教学方法的设计与运用

在高校田径教学中，尤其是田径运动技能教学中，学生运动技能的形成过程主要经历三个阶段，分别是认知掌握阶段、联结提高阶段以及自动化阶段。在运动技能形成的不同阶段采用的教学方法应当有所区别，具体要结合各阶段的教学需要、教学目标以及学生的实际情况灵活设计与选用恰当的教学方法，促进学生循序渐进地熟练掌握田径运动技术，达到自动化水平，提升田径运动技能水平。

（一）认知掌握阶段的教学方法

在田径技能教学的认知掌握阶段，学生的身体活动并不多，主要是运用大脑思维掌握运动知识，这个阶段学生以观察教师的示范和听教师的讲解为主，所以主要使用视听觉进行学习，通过观察和听讲来获取动作技能的基本结构及外在信息，但接收信息不是很准确，注意范围比较窄且不易集中。掌握基本外在信息后，学生练习时身体动作比较僵硬，肌肉不能收缩自如，所以影响了动作的准确性。而且学生在田径技能学习的初始阶段心理较为紧张，因此严重制约了对动作的准确掌握，影响了学习能力。学生对自己的错误动作不自知，自主性差，对正确动作不敏感，只是比较浅显地知道动作的基本结构，了解简单的动作环节，根据初始印象进行简单练习。

以上是学生在认知掌握阶段的主要学习特点，根据上述分析，建议该阶段选择的教学方法是讲授法和演示法。

1. 讲授法

不管在什么学科的教学方法体系中，讲授法都是处于核心地位，采用讲授法可以对大量丰富的知识进行传授。教师采用讲授法，用简单易懂的语言向学生传递主要的教学内容，包括田径运动技能的基本知识、结构、特征、注意事项等。学生听讲后，大脑中会形成关于田径技能的一个基本构架，然后在之后的练习中不断补充与完善该构架。另外，教师也可采用讲授法向学生提出问题，使学生自主思考，激发学生的探索兴趣。

2. 演示法

田径运动教学是以身体活动为主的教学活动，因此只进行讲授无法使学生真正掌握田径运动技能，在讲授的基础上还要采用演示法，也就是直观的示范方法。教师通过正确的动作演示，使学生观察、感知，自主参与，积极练习，并摸索技巧，以提高学习效率。教师通过示范所要达到的目的是使学生对正确的田径技术动作有清晰的认识与直观的把握，从而能够进行正确的练习。为了达到这个目的，教师应该将讲授法和演示法结合起来使用，演示的过程中讲解重点动作阶段和动作细节，这样学生会产生更深刻的印象。在学生基本掌握某一动作后，教师也可以故意示范错误动作，看学生通过观察能否迅速发现错误。

（二）联结提高阶段的教学方法

联结提高阶段是学生学习与掌握田径运动技能的第二个阶段，该阶段学生基本熟练了所学技能，可以大致完成动作，而且在完成过程中不会有明显的迟疑或拖沓。此外，这一阶段的学生也基本理解了田径运动技能的相关理论知识。这一阶段田径教学要遵循精讲多练的教学原则，学生不断重复练习和教师不断强调正确的动作方法及重难点非常重要。学生只要不断练习，肌肉记忆才会越来越深刻。学生在这一阶段的学习主要还是依赖视觉与听觉，同时也依赖运动感知觉，学生接收信息的效率提升，而且能够整合运动技能的相关外部信息或内在信息，可以集中注意力处理信息。此时学生在练习时肢体不再那么僵硬，肌肉有控制地收缩，动作基本准确，出错减少。不仅如此，这一阶段学生的心理素质也提升了，紧张情绪减少，更加自信、从容。

在田径运动技能形成的第二阶段，学生经过不断的练习，其技能动作基本完整，对错误动作有所感知，并能在自主判断和思考后改进动作。学生在大量反复练习中将一个个单独的动作环节连接成完整的动作，以完整练习为主。但在练习中偶尔还是有错误的动作，或者是不必要的多余动作，学生认识到动作准确与连贯协调的重要性，因此会自觉改正错误。而且学生在这一阶段的学练中已经不满足于只接收与处理语言信息了，同时通过肌肉的分析判断而获得更深刻的体验与感受。从这一阶段学生的学习特征和学习需要出发，适合采用的教学方法是掌握动作技能法及练习法。

1. 掌握动作技能法

这是一类宏观的教学方法，包括多种具体的教学方式，如讲解和示范、预防与纠正等，采用这一练习方法时要注意结合学生在运动技能形成的第二阶段的学习特征进行灵活教学，遵循运动技能形成的规律，注重对田径技术动作细节的解剖与提示，示范过程中提出明确的要求，使学生按要求规范练习，提高动作质量。由于该阶段学生在练习中还是会出现一些错误，因此有必要将预防与纠正错误教学法运用到该阶段的教学中。教师需总结学生的常见问题及产生原因，使学生在练习时有意识地避免出现同样的错误，从而起到预防的作用。采用掌握运动技能教学法要注意因人而异，分析学生的个体差异，适当改变这些教学方法的运用方式，以适应不同个体的特征，满足不同学生的需要。

2.练习法

这一阶段适合采用的练习法是分解和完整练习以及重复练习。通过分解练习，掌握每个动作环节和细节，熟练各个部分的动作后，将它们串联起来完整演示，并反复练习，这样既能起到对教学过程的简化作用，又能使学生对技术动作细节有更清晰和熟练的掌握。需要注意的是，分解练习时间不宜过长，长期进行分解练习容易使学生把握不住完整动作的节奏，而且也会影响整个动作的完成速度，影响动作的连贯性与整体性，因此要特别重视从分解练习向完整练习的过渡。重复练习也是重复进行完整练习，以加深肌肉记忆，提高动作的熟练度。

（三）自动化阶段的教学方法

自动化阶段学生已经对田径运动技能掌握成熟，对动作有了肌肉记忆，动作技能稳定、动作准确性进一步提升；心理相对来说更加放松。从终身体育理念考虑，自动化阶段可以采用比赛法、游戏法以及发展个性、品德教育方法等继续强化学生的兴趣，培养学生的参与积极性。

1.比赛法和游戏法

在运动技能形成的最后一个阶段，学生基本能自动化地完成田径技术动作，这一阶段适合采用比赛教学法和游戏教学法。教师要创建良好的比赛环境，提出严格的比赛规则和统一的比赛要求，使学生在比赛中完成较大强度的练习。比赛教学法有很强的操作性，学生在比赛中能够将个人主体性充分发挥出来，并展示自己的技能，将自己的风格发挥得淋漓尽致，同时也能使自己的技术特征、团队协作能力得到进一步的强化。

游戏教学法相对轻松一些，有些学生好胜心强，在比赛中如果没有取得好成绩就会失落，失去自信，甚至失去学习的兴趣与动力，可见比赛给这些学生带来的心理压力是很大的，而轻松愉悦的游戏法作为一种常见的趣味性教学方法，能够被学生普遍接受。

总的来说，采用游戏法和比赛法的目的相同，都是为了使学生对田径课产生浓厚的兴趣，提升学生参与的积极性，培养学生的团体精神，并巩固与强化其所掌握的田径运动技能。

2. 培养思想道德、发展个性的方法

比赛教学法与游戏教学法有助于培养学生的竞争意识和持之以恒的毅力，能够促进学生思想道德素质的提升。但是采用游戏或比赛法也可能产生不好的结果，如学生因表现不好而懊恼、自责，或埋怨同伴，或失去信心，面对这些情况，教师不仅要及时解决处理问题，还要借机让学生明白竞争与协作的重要性，使学生了解比赛难免会失败，要以正确的态度面对失败，同时要让学生认识到良好的道德素质在比赛中的重要性，注重提升学生的道德品质。

随着体育教学的深入改革，对大学生的全面发展提出了新的要求，在体育教学中不仅要关注学生身心健康和运动技能水平，还要对其情绪、情感予以关注，发挥体育教学的情感功能，培养学生良好的道德素质，健全学生的人格，使学生树立正确的价值观。这些需要教师在田径教学中加以重视。

在发展个性方面，田径教师应分析学生的不同个性特征，客观看待学生的个体差异，从不同学生的个性特征出发进行因材施教，尊重学生的个性，鼓励每个学生发挥自己的特长，真正贯彻“以人为本”“个性化教学”的教学理念，为促进学生全面发展打好基础。

第五节　高校田径教学模式的构建与创新

一、田径教学模式的程序构建与设计

在知识经济时代，国家与民族的发展离不开科技和教育的推动。通过发展教育，要对高水平的全面型人才进行培养，全面型人才要具备的特点是科学文化素质高、身心健康、人格健康、品德高尚、责任感强、人生态度积极

等，人才培养目标充分指明健康教育、科学教育和人文教育成为我国高校教育的重要组成部分和重点内容。随着高校体育教育的不断改革与发展，其与科学教育、健康教育、人文教育不断融合，科学、健康、人文等方面的教育在体育教学中深入渗透，并得到充分体现。在体育教学改革中，教学模式的改革创新是非常重要的一个方面，教学模式改革过程中也同样将科学教育、健康教育和人文教育融入其中，在多元化教育融合中不断创造出新的教学模式。

随着科学教育、健康教育、人文教育在体育教学模式中的不断渗透，体育教学中越来越重视学生的主体地位，体育教师试图以学生的立场来把握教学内容，组织教学过程，设计教学方法，尽可能使学生的合理需求得到满足，使学生的学习积极性、自主学习能力得到提升，并使学生能够根据自己的实际情况建立学习目标、制订学习计划，在自主学习中享受体育的乐趣，提升自身健康水平、运动能力以及体育素养。

有学者从体育教学模式的概念出发，结合体育教学模式与科学教育、健康教育、人文教育融合的指导思想、基础理论以及趋势，指出多元教育融合下体育教学模式的操作程序如图3-2所示。

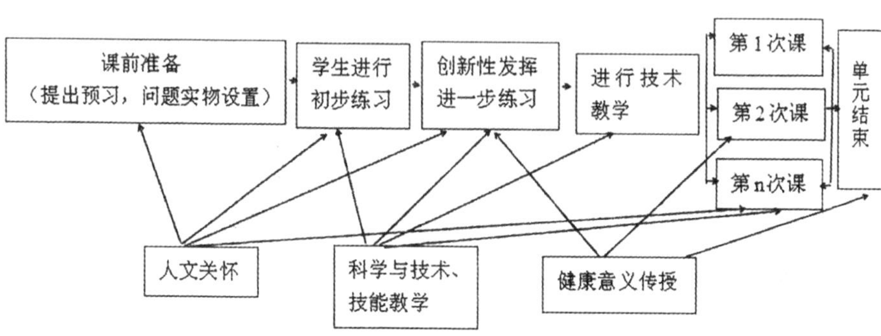

图3-2　多元教育融合下体育教学模式的操作程序①

从上图来看，多元教育融合背景下体育教学模式的操作程序比一般的教

① 陈炜，黄芸.体育教学与模式创新[M].北京：光明日报出版社，2016.

学模式的操作程序更加复杂，其中充分体现了健康意识的培养、科学与技能教学以及人文关怀，它们相互交叉，对整个体育教学过程和教学效果有重要的影响。

多元教育融合背景下体育教学模式在高校田径教学中具有一定的适用性，在高校田径教学中，要在多元教育理论的指导下，结合田径课程的特性构建专门的教学模式，具体操作程序如下。

（一）课前准备

课前准备阶段，教师要先熟悉和深入理解教学内容，在正确而深入地把握教学内容后，设计单元目标，并对相应的教学情境进行设置。这一阶段还要求教师对学生的各方面情况加以了解，为因材施教和个性化教学做好准备。

教师在这一阶段设置教学情境时，要注意尽量设计能够吸引学生注意力、启发学生自觉思考以及能够在实践中得到检验的问题，以激发学生的学习动机和自主性，同时教师要与具体技术相结合而设计教学场景，充分把握教学内容中的重难点。

（二）学生初步练习

学生在教师设置的教学情境中自主学习，自由练习，采用适合自己的方法熟悉动作，建立正确的概念和形象。在这个阶段，教师要提供基本的专业指导，并提供保护。

（三）创新性发挥，进一步练习

初步练习后，学生之间相互评论、总结，讨论自己在练习中采用了哪些方法和手段，哪些手段更适合自己，教师从增强学生体质的目的、因材施教的原则出发选出效果最好的练习方法和手段，指导学生联系个人经验、技术技能要点而进行创造性与突破性练习。

（四）技术教学

在田径技术教学过程中传播健康信息，培养学生的健康意识，并充分体现出人文关怀。

（五）单元教学

教师根据单元教学目标组织单元教学，一个单元由若干课时组成，合理安排每个单元的课时，注意各单元课时之间的紧密衔接以及单元之间的连贯衔接。

（六）结束单元教学

对本单元教学过程、教学结果进行总结，提出教学中存在的普遍性问题，提出解决策略，并对学生的学习效果进行评价，给出指导建议，为学生之后的学习提供参考。

二、高校田径教学模式的创新

（一）加强现代教育技术与教学模式的融合

1. 将现代教育技术运用到田径理论教学中

当代大学生学习田径课程，不仅要学习和掌握基础运动技能，还应该对田径理论知识、体育文化加以学习，树立体育精神，形成终身体育意识，这是高校体育教育的基本目标。随着体育地位的提升和我国体育事业的不断发展，体育成为我国综合国力的重要组成部分，在体育强国建设中，我国号召人民群众主动认识和了解体育，积极参与体育。在这一社会背景下，高校应重视体育理论教学，提升大学生的体育理论素养，因而田径理论教学应该受到重视。

高校田径教学中，传统教学模式存在轻理论重实践的弊端，教师讲解的理论知识主要集中在田径运动项目概况、项目规则等方面，讲解方式简单枯燥，限制了学生对田径理论的深入理解，也阻碍了学生用正确的理论去指导实践。对此，应在田径理论教学中充分运用现代教育技术，利用网络的优势和功能对田径理论方面的知识和信息进行收集，并配以图像、动画、视频等方式传授田径知识，刺激学生的感官，激发学生的兴趣。

利用现代教育技术进行田径理论教学时，要注意在播放音频或视频、展示图片等信息化教学资源的基础上组织学生现场互动、讨论，设置问题，启发学生思考，使学生更好地理解现代教学手段中传播的理论知识，更好地接收与消化田径知识与信息。教师如果只是单纯播放音、视频，展示图片，简单讲解，而不组织学生讨论，那么学生接收的信息在大脑中保存的时间比较短，容易遗忘。

2. 将现代教育技术运用到田径实践教学中

田径实践教学以体能、技能教学为主，尤其是以运动技术教学为主，田径教学目标的达成情况和教学的最终效果很大程度上是由技术技能教学结果所决定的。传统田径实践教学中，经验式教学占的比重很大，主要模式是教师教、学生学，教师示范每个动作，学生观察，然后机械性地模仿，而对于每个技术动作为何这么做，如何提高标准度则缺乏基本的思考，导致学生错误地认为上体育课就是纯粹的身体活动，不需要脑力付出。而将现代教育技术运用到田径实践教学中，利用计算机语言编程、图像处理等技术和功能来动态化地呈现完整的技术动作，并辅以声音讲解、文字解说，图、声、文并茂，以提高教学效果。

在田径实践教学中使用现代教育技术，能够将整个动作过程直观生动地展现出来，在播放到重难点动作环节时可暂停，着重进行分析，使学生对重难点技术动作有深刻的理解和充分的把握。利用现代教育技术进行教学也能打破沉闷的课堂气氛，营造愉悦欢快的教学氛围。

3. 制作田径教学课件

利用现代教育技术进行田径教学课件的制作，这对田径教师的教学功底、信息化素养是很大的考验，如果能够设计出高质量的多媒体教学课件，将会很好地突破传统教学模式的束缚，充分发挥新课件的功能。

教师利用现代教育技术进行田径教学课件制作时，要基于对田径教学目的、教学需要和学生的需求的综合考虑而选择合适的教学素材，合理编辑文字、图片、视频等资源，注重对版式、背景的合理设计。计算机教学课件涉及的知识和内容与传统教学课件相比更加丰富、全面，但也相对复杂一些，对学生的教育更全面一些。

在田径教学课件制作中运用多媒体手段，能够使学生对课堂教学内容产生兴趣和好奇心，产生探索的热情和积极性，从而主动投入学习，配合教师，教学效果甚好。

（二）构建项目驱动教学模式

项目驱动教学模式是基于建构主义理论基础而构建的“行为引导式的教学形式”，是师生选取某一实践性和操作性较强的知识和技能作为完整实际项目内容，在教学过程中将项目分为衔接递进关系的各个子项目，以教师为主导、以学生为学习主体、以项目内容为核心载体，以培养学生自主学习和探究能力为目标，利用情境教学进行知识建构的一种教学模式。这种教学模式强调项目的现场性、知识的综合性和学生综合能力的培养，在该模式中学生从被动接受知识转为主动获取知识，充分发挥想象力、执行力，运用所学技能、知识独立完成或在团队中协同完成学习任务。[①]

1. 选择项目

这是项目驱动教学模式的核心环节。师生以已经确定的教学目标、方案为依据，围绕项目这条主线而完成总项目设置及项目分解工作，每个子项目代表不同的知识模块，各个项目中都融入了要学习的内容。不管是总项目还是子项目，是预习项目还是复习项目，都可以对学习项目进行设置。在课程实施的不同阶段也都可以设置学习项目。师生选择项目要重点选择具有可行性、实用性以及趣味性的项目。

---

① 曾晓梅.项目驱动教学模式在田径技术教学中的实践研究[D].南昌：江西师范大学，2015.

2. 设置问题情境

设置项目后，为了使学生对项目的理解与体会更深刻，师生可协同完成对学习情境的创设。例如，在跳高项目的教学中，如果学生对过杆动作不熟悉，教师可向学生播放跳高的比赛视频，或出示跳高过杆的素材图，在这个过程中提出问题，启发学生思考，并将学生分为若干学习小组，使小组成员相互讨论，合作探索问题的答案，以培养学生的思维能力、学习兴趣以及合作能力。

3. 探索与引导

在项目驱动教学中，教师负责引导，学生清楚项目任务后自主思考并探索，在学生自主学习和探索中，教师给予帮助和指导，并伺机提示，使学生完成对不同子项目知识框架及完整项目知识结构的构建。教师要监控好学生的学习过程，对学生给予必要的引导和有意义的指导，使学生建构的知识框架更有效。

4. 团队协作，修正项目

采用项目驱动教学模式，要注重引导学生进行小组协作，强调师生互动和学生之间的交流。例如，三四名学生为一组，各小组依据学习方案进行合作学习，在学习过程中共同讨论和分析问题，协同解决问题。

5. 多元评价

在项目驱动教学的最后，要采用多元化手段来评价学生的学习情况，要注重学生的自我评价与学生之间的互评，通过评价来肯定与激励学生，并解决学生的学习问题。在多元化评价中，学生设计项目的能力、在项目实施过程中的行为表现以及最终取得的项目成果是主要评价内容。

项目驱动教学模式在掷标枪技术教学中的运用流程如图3-3所示。

（三）构建“示范→讲解→练习→评价”模式

1. “示范→讲解→练习”的信息化

在田径实践教学中，常用的教学模式是“示范→讲解→练习”这一传统模式，这一模式的有效性已经在实践中得到了证明。它虽然是比较传统的体育教学模式，但在信息化教学中依然被“重用”，主要是因为该模式与运动技能形成规律、体育教学一般规律相符，与大学生的认知特征、身心发育特征相符，但在信息技术背景下继续使用这种教学模式，需要将它的操作环节信息化。

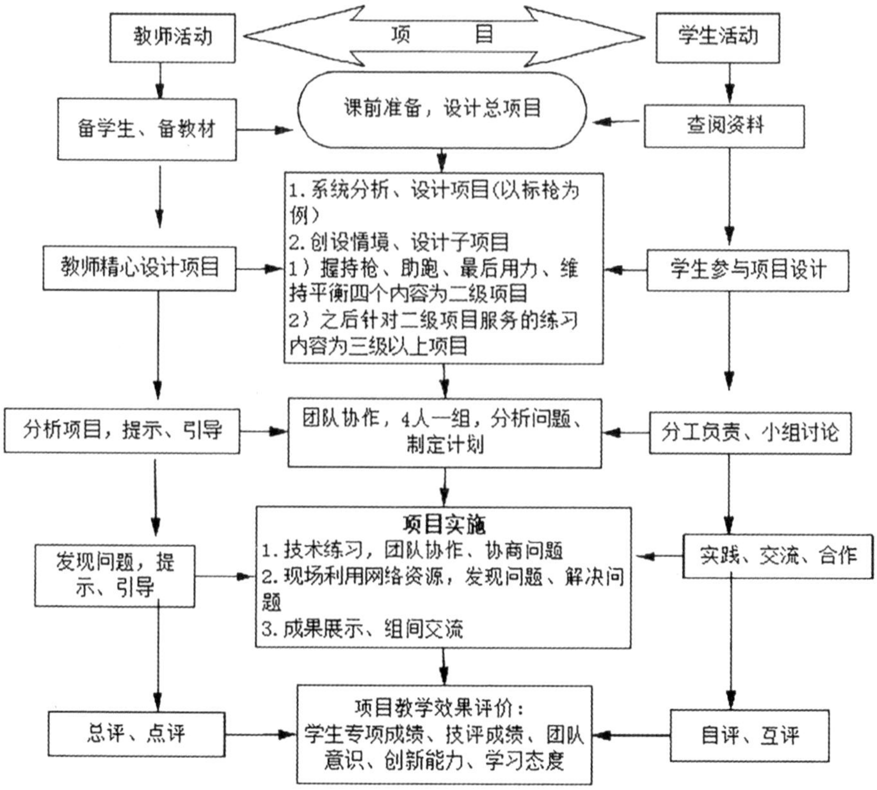

图3-3 项目驱动教学模式操作流程图[①]

用传统的“示范→讲解→练习”教学模式进行田径运动技能教学时，教师将运动技能展示给学生的主要途径有亲身示范、媒体工具（视频、图片等）示范等，在这个过程中，学生用自己的感官接收信息，然后将信息输入第二信号系统进行加工，以促进运动表象的形成，学生在初步形成的运

① 曾晓梅.项目驱动教学模式在田径技术教学中的实践研究[D].南昌：江西师范大学，2015.

动表象的指挥下进行模仿练习。这时学生在模仿中产生的本体感觉并不是正确动作的本体感觉，而其对正确动作的本体感觉应该是什么样子却并不清楚。

学生进行模仿练习时，教师在旁边密切观察，不断指导、帮助，因为学生根据自己初步形成的表象对动作形成的理解比较片面，甚至有偏差和错误，所以教师要提供辅导、及时纠正。教师的指导与帮助主要体现在语言提示、反复示范、辅助练习等方面，通过及时有效的辅导，学生能够逐渐清楚正确动作的本体感觉应该是什么样的，然后在反复练习中熟练掌握好正确动作，这时学生才真正形成了关于运动技能的正确的本体感觉。如果没有教师的辅导，学生只能学到皮毛，对动作要领很难真正掌握。

上述分析表明，教师正确的示范是学生对动作要领予以掌握的关键，这对教师的技术水平和示范能力提出了很高的要求，一旦示范不够准确，又没有采取其他展示动作的手段，学生难以准确掌握动作要领。因此，运用多媒体技术展示动作的方法越来越受重视，教师的示范由多媒体手段替代，通过多媒体技术展示动作有利于学生建立正确的动作表象，但这也只是学生掌握运动技能的基础，运动技能形成规律要求学生要对正确动作具有良好的本体感觉，良好的本体感觉是教师进行经验教学的基础，教师的经验就体现于此。

目前，计算机技术还无法完全取代教师，教师的教学功能中有一部分能够被计算机替代，但还有很多无法用语言准确描述的能力是不可替代的，比如教师的示范、指导能够使学生对正确动作形成良好的本体感觉，而运用计算机手段难以使学生自主构建本体感觉。这主要涉及以下两方面的问题。

第一，采集信息的问题。采集人的本体感觉主要有接触采集和无接触采集两大技术，前者在一些简单的动作中比较适用，但会对运动造成妨碍，而且有的技术比较危险，可能引起被采集者的生理问题。后者需要采用间接推算的方法来估计信息，缺乏准确性，而且不够实用。

第二，效应器的问题。这其实就是计算机处理结果用什么方式作用到人体的问题。

以上两个问题表明通过信息技术使学生自主构建本体感觉有一定的难度，在信息化田径教学中必须解决这个问题。

2. 信息化的“示范→讲解→练习→评价”教学模式

通过分析传统教学模式“示范→讲解→练习”的信息化，可以沿着这个思路对信息化的“示范→讲解→练习→评价”教学模式进行构建与设计，该信息化教学模式同样是田径运动技能教学的主要模式。新模式的结构模型如图3-4所示。

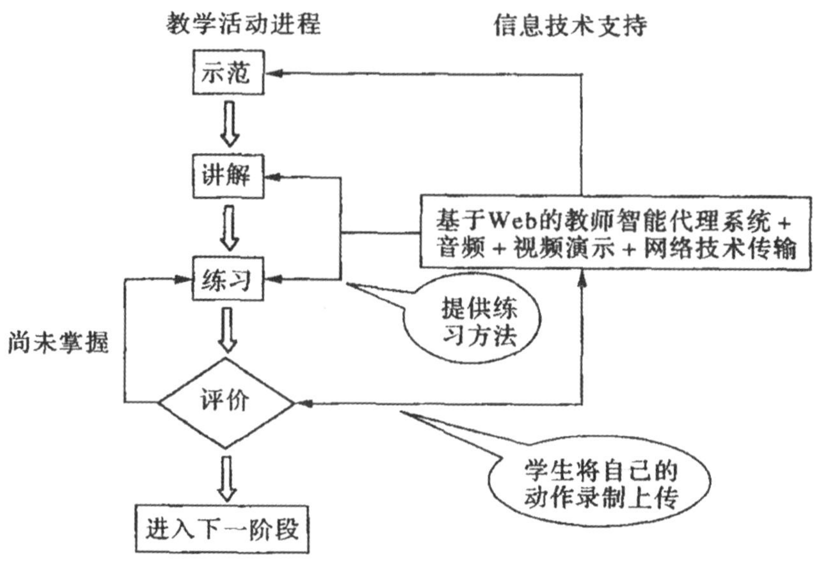

图3-4 示范→讲解→练习→评价模式的结构模型[①]

将信息化的“示范→讲解→练习→评价”教学模式运用到田径教学中，主要有以下两种情况。

1. 学生在教师的辅导下学习（有教师）

有教师的情况下，教师的主要作用是在学生学习时提供帮助和辅导。例如，及时指出学生的错误，帮助纠正，对学生的练习方式、进度进行调整等。有教师的辅导和帮助，学生能够顺利掌握技术动作。

① 阿英嘎.信息技术与体育教育专业课程整合[M].南京：南京师范大学出版社，2010.

和传统教学模式相比，新的教学模式下教师省去了讲解、示范的环节和时间，而在帮助和辅导上付出更多，学生可以根据自己的情况来安排练习节奏，而不完全由教师控制。

2. 学生自学（没有教师）

基于Web构建教师智能代理系统，了解学生的学习需求，利用现代信息技术，以科技化的手段将学生将要学习的技术动作示范呈现出来，完整呈现技术动作后，同样以多媒体工具进行讲解，对于学生没有看清的动作，可再次慢速播放。

若在学生开始学习前，系统已经获取了关于学生已经掌握的知识和技能的相关信息，则系统会有选择性地进行关键动作要领的讲解，并结合学生的学习基础、学校的教学条件为学生设计、提供适宜的练习方法，学生根据系统给出的方法练习一段时间后，向系统输入自己的技术动作录像，系统自动做出评价，若系统评价结果为学生动作错误或掌握不充分，系统将继续给出适宜的练习方法或给出纠正学生错误动作的方法。

信息化的“示范→讲解→练习→评价”教学模式是在传统教学模式的基础上进行信息化加工和“升级改造”的结果，按照这种思路，我们可以继续探索现代信息技术与教学模式的融合路径，尝试对更多的信息化田径教学模式进行构建。

（四）构建与完善“俱乐部课制”教学模式

1. “俱乐部课制”教学模式的特点

实施俱乐部课制教学模式，主要就是依托俱乐部的教学形式组织田径课程教学。“俱乐部课制”教学模式具有以下几个特点。

（1）教学内容丰富，学生自主性强

“俱乐部课制”教学模式内容丰富，学生可以根据自己的兴趣爱好选择课程。学生自主选择上课内容、上课时间，甚至可以自主选择教师。

（2）教学方法突出学生的主体地位

在“俱乐部课制”教学模式的运行中，教师采用的教学方法强调学生发挥主体性，如启发教学法、情境教学法等，并根据学生的实际情况对其进行个别化、个性化指导。

（3）课外活动丰富

“俱乐部课制”教学模式有效拓展了课堂教学，开设丰富的课外体育活动，从而对学生的运动积极性和组织能力进行培养。

（4）教学评价全面

“俱乐部课制”教学模式下的教学评价融入了学生的学习态度、合作能力等指标，突出了评价的全面性。

2.“俱乐部课制”教学模式的意义

在高校田径教学中采取“俱乐部课制”教学模式具有以下意义。

（1）突出“以人为本”理念

传统教学模式下，课程内容已经被规定好，教师严格按照规定实施教学，这使得田径教学缺乏民主性、丰富性与灵活性。“俱乐部课制”教学模式中设置了丰富的教学内容，教师和学生自主把握和控制教学时间，学生在教学内容与教师的选择上有充分的自主权，这都充分体现了新模式以学生为本的教学理念。在俱乐部课制教学模式的实施中，学生的自主性得以充分发挥，个性化需求得到充分满足，长处与优势也有机会展现出来，个人价值得到实现，同时也锻炼了社交能力，这些都最终使学生的个性化发展目标得以实现。

（2）增强学生体质

学校教育改革为体育教学指明了方向，提出了要求。为顺应学校教育的发展趋势和改革需要，学校设置的体育课程涉及多种类型，传统教学中以班级为单位的教学组织形式的局限性被打破，按照学生的兴趣爱好重组教学单位，以增强学生体质、满足学生需求。国家非常重视大学生的体质健康，但当前我国大学生的体质健康状况不容乐观。依托俱乐部课制教学模式，可以开展丰富的课内外体育活动，学生选择自己感兴趣的项目来参与和学习，体质健康水平可以得到有效提高。

（3）为田径教学的深入改革提供正确指引

应试教育影响下的田径教学存在种种弊端，如教学理念落后，课程类型单一，教学内容固化，教学方法千篇一律，教学评价片面，等等。这些问题的存在对田径教学的发展造成了严重的阻碍，也制约了学生体质健康水平的提升和全面发展。而在促进学生健康的教学视角下采用具有创新性的“俱乐部课制”教学模式，能有效弥补传统教学模式的不足，促进教学理念的更新、课程类型的丰富、教学内容和教学方法的多元化以及教学评价的全面化。可见，俱乐部课制教学模式为田径教学改革提供了正确的方向与指引。

3. “俱乐部课制”教学模式的发展

为进一步提升大学生体质健康水平，需要完善“俱乐部课制”教学模式，提高该模式的运行效果，充分发挥该模式在增强大学生体质方面的作用。具体发展路径与策略如下。

（1）更新教学思想

在田径教学中，基于提升大学生的体质健康水平而构建与完善俱乐部课制教学模式时，首先要更新田径教学思想，解决传统田径教学中教学主体之间和教学要素之间的矛盾，有机整理田径教学体系中的各个要素，从思想层面上设计好俱乐部课制教学模式，为模式的顺利运作和模式功能的充分发挥提供强有力的思想保障，为模式的实施提供正确的方向。

更新教学思想后，还要构建科学的俱乐部教学管理体系，设置与健全俱乐部组织机构，明确各部门的职责，加强各部门之间的协调配合，协会管理者可由田径运动的拔尖生或体育委员担任，这能够有效培养学生的团结协作精神和组织管理能力。

（2）设置类型丰富的教学内容

新时期田径教学改革中，在教学内容的设置环节既要重视对竞技化教学内容的改造，又要重视引进娱乐化教学内容。学校俱乐部制教学模式的实施中往往面临着选择竞技化内容还是娱乐化内容的问题，从高校体育俱乐部的运行情况来看，重视娱乐化教学内容，忽视竞技化教学内容的问题普遍存在，这直接影响了学生体质健康发展。所以，基于对提升学生体质健康水平的考虑，应该找到竞技性内容与娱乐性内容的平衡点，实现二者的整合，从而达到既增强学生体质，又培养学生兴趣的目的。

（3）完善教学评价体系

要检验俱乐部制教学模式的实施效果和学生在该模式下的学习成果，就要进行科学的考评。传统田径教学考评最大的弊端就是过分强调对运动技能掌握情况的终结性考评，而忽视对学生学习态度、学习意志力、进步情况等方面的过程性考评，这就需要进一步健全考评机制，完善考评体系，将日常考核、监控同步重视起来，使学生自觉学习，增强体质。

（4）提供经费支持

构建与实施俱乐部课制教学模式，离不开经费投入，这对模式构建及实施效果有直接的影响。“俱乐部课制”教学模式下学校开展了丰富的田径运动项目，同时还结合校外有关团体尝试开展一些拓展训练、野外生存活动，为了使各个田径教学项目得以顺利开展，需要教育部门加大投资力度，分配经费资源，提供基础保障。

第六节　高校田径教学评价体系建设

一、高校田径教学评价的常见方法与手段

高校田径教学评价的内容、常见方法与手段见表3–2。

表3–2　田径教学评价内容、方法与手段

<table>
<tr><th>评价类型</th><th>评价内容</th><th>评价方法</th><th>评价手段</th></tr>
<tr><td rowspan="5">教师对学生的激励性评价</td><td>学生的学习目标</td><td>批评</td><td>口头指示</td></tr>
<tr><td>学生的参与程度</td><td>表扬</td><td>眼神</td></tr>
<tr><td>学生的拼搏精神</td><td>激发</td><td>手势</td></tr>
<tr><td rowspan="2">学生的学习效果</td><td rowspan="2">抑制</td><td>技能小测验</td></tr>
<tr><td>问卷调查等</td></tr>
</table>

续表

评价类型	评价内容	评价方法	评价手段
学生自我评价	个人学习目标	自评	学习卡片
	个人参与程度	自省	回顾目标
	个人拼搏精神	自我暗示	对比前后成绩
	个人学习效果	自我反馈	行为检点
学生互评	同学的学习目标	互评	观察
	同学的参与程度	互议	课中讨论
	同学的拼搏精神		学习卡片互动
	同学的学习效果		
学生对教学过程的评价	教学内容	反馈	学习卡片对话
	教学过程的设计	评课	课中提问和反馈
	教学方法	要求	意见表
	教师的教学态度	建议	
教师自我评价	个人教学思想	自评	回顾目标
	教材化	自我总结	阅览学习卡片
	个人个性化教学	自省	学生前后变化对比
	个人教学方法		听取学生意见
	个人教学效果		
教师互评	同事的教学思想	互评	日常教学观摩
	教材化	互议	评优活动
	同事的个性化的教学		教研活动
	同事的教学方法		说课活动
	同事的教学效果		评议
			教学总结

二、高校田径教学评价要素

在高校田径教学体系建设中，要着重考虑各个评价要素，具体分析如下。

（一）评价主体

高校田径教学评价的主体不仅包括田径授课教师、田径运动专家以及高校领导，还应该包括学生，要发挥学生作为评价主体的能动性，提高学生的评价能力，使学生通过自评来不断提高学习效率。

（二）评价时间

在高校田径教学评价中，可以定期评价教师的教学情况和学生的学习成果，也可以随机进行灵活性评价，随机评价的优势在于不易掩盖问题，容易及时发现问题，这样教学评价的诊断功能就能得到充分发挥。在随机评价中，要像定期评价那样端正好态度，不能马虎应付，否则这样的评价毫无意义，只是徒劳。

（三）评价方式

诊断性评价方式在高校田径教学评价中运用比较多，这也是师生比较容易接受的一种评价方式，采用这种评价方式有助于发现田径教学问题，以根据评价结果而调整与完善教学方案。

另外，必要的时候也要采取鉴定性评价方式，以进行性质鉴定。如果采用鉴定性评价方式，就要秉着公正、权威的原则有序开展评价工作，组织一定要周密，尤其要注重细节。

单项评价与综合评价也是非常重要的田径教学评价方式。前者集中评价某一教学问题，评价的是比较细致的内容，操作较为容易，更有针对性；后者涵盖的评价内容比较多，能够将田径教学的总体情况反映出来，但是这种评价需要多名评价人员参与工作，操作起来较为复杂，要完成大量的工作，因此相对于单项评价，综合评价运用较少。

（四）评价组织

田径教学评价不仅是教师评价学生、学生评价教师，还包括学校、系组织和教研室对整体教学情况的评价，这是比较宏观的评价，采用宏观评价方式，要特别重视对这一评价工程的组织与管理的优化。

（五）评价操作

能够量化的则进行量化评价，能够定性的则进行定性评价，但不要对不易定性或量化的对象而勉强定性或强制量化，否则会影响评价结果的客观性、准确性。

第四章　高校田径训练的科学理论

随着科技的不断发展及由此带来的先进体育训练手段和方法的不断创新，人们对田径运动的实质、机制、成绩影响因素等问题有了更加深刻的认识，因而田径运动训练理论也不断发展与完善，达到了一个崭新的发展阶段。深入研究与认识田径训练理论有利于科学指导田径运动训练实践，提高田径运动训练水平和运动员的比赛成绩，因而将先进的田径训练理论运用于指导高校田径训练具有重要意义。本章主要对高校田径运动训练的科学理论进行研究，主要内容包括田径运动训练理论的发展，高校田径训练理念、训练原则与方法以及训练过程中常见运动损伤与处理。

第一节 田径运动训练理论的发展

一、田径运动训练理论的启蒙（19世纪中期—20世纪初）

我国在从原始社会向奴隶社会、封建社会过渡的过程中，军事行动得到了快速的发展，军事领域各方面的发展直接促进了射击、角力、奔跑等士兵训练活动的发展，军事队伍中开展这些活动主要是为了士兵战斗力的提高。

19世纪中期，在第二次鸦片战争结束后，现代田径运动被引进我国，我国初步引入的田径项目主要是跳跃类和走类项目，这些项目最早出现于北洋水师学堂。随着田径项目的引入，我国逐渐开展了一些田径比赛，赛事的举办单位以教会学校和基督教青年会为主。我国最早的正式田径比赛出现在20世纪90年代初期，这一时期我国上海圣约翰书院举办的校运动会是以田径项目为主的。1910—1948年间，我国举办的全运会有7届，在这几届全运会上，我国田径项目的成绩在不断提高。第5届全运会上田径项目的成绩尤为显著，100米、200米跑都有了新的全国纪录，跳远项目也出现了新的全国纪录，这些纪录在之后很多年一直没人能突破。

国际田径运动在20世纪30年代之前的发展水平较低，业余田径选手参加比赛的情况较为多见，日常生活中，这些业余运动员很少有机会参加比赛，而且也得不到正规的训练指导，因此所掌握的田径技术就很难维持在一个较高的水平上。虽然他们平时也进行训练，但训练方法大都是简单和单调的，在比赛中，运动员靠个人身体素质取胜的情况比较多见。我国引入田径运动之后，注重田径教学工作的开展，外国教会人员和我国留学日美的学生是各校和团体聘请的田径教师，这些教师人员因为不是专业的田径科班出身，所以只是用一些简单的训练理念和方法来教学生，而且对系统的训练计划也没有进行科学的制订，学生在平时的训练中大都是自然随性的，而且提高田径运动成绩的主要方法就是“多练”。此外，当时我国的田径教学与训练器材极为简陋，大都是借用壶铃、跳绳、拉力器等民间体育器材和武术器材，因为器材单一，所以训练方法也很单调，这就直接限制了学生对课外田径活动的参与。

我国最早引进的有关田径训练的著作是《田径赛运动》，这本著作出版于1917年，作者是美国医学博士麦克乐，主要内容是田径训练方法，该著作在介绍这一主要内容方面具有明显的系统性，因而对我国田径运动训练方法的发展和完善具有积极的指导与促进作用。

二、田径运动训练理论的初步形成与发展（1949—1965年）

（一）将苏联的田径训练理论引入我国

随着中华人民共和国的成立，我国群众体育运动在党和政府的支持下在全国各地广泛开展起来。为了进一步促进我国田径运动水平的提高，我国积极向苏联学习，并将其训练理论和方法引入我国。20世纪50年代，中国第一个体育访问团应邀前往苏联进行学习和考察，并带回了劳卫制和运动员等级制度，这两个制度是有关体育运动的制度，在苏联都是普及通用的，因此在田径领域能够发挥较好的效应。

国家体委于1955年创办田径训练班，地点定在青岛，并向斯捷潘乔诺克、马特维耶夫这两位苏联著名训练学专家发出了邀请，希望他们能够来我国讲课。在训练班上，这两位专家对田径训练任务、原则、计划、内容与方法以及田径技术作了系统的介绍。1957年，该学习班的讲义出版并发行于全国，出版社是具有权威性的人民体育出版社。在这期间，我国有关专家又对《田径运动》（苏联体育学院教材，作者华西里耶夫、奥卓林）进行了翻译，并在我国出版。

20世纪50年代，我国不但将苏联专家邀请到我国来给学员讲学，给研究生上课，还向苏联国家派出了大量的体育工作者和学者，希望这些工作者与学者能够多向其学习，多引入一些有价值的理论。这些人员不负众望，学成回国后担任了田径运动的教师、教练员或研究人员，在推动我国田径运动发展方面，这些重要的人力资源都发挥了不可忽视的重要作用。

我国留学苏联的学者与体育工作者将大量的田径运动的训练理论与方法引入我国，我国田径运动项目在这些理论与方法的指导下取得了良好的发展成果。留学苏联并在学成归来后对我国田径运动发展做出巨大贡献的杰出代表是黄健教练，我国著名女子跳高运动员郑凤荣就是黄健教练培养的，该名运动员在国内和国际田径大赛中都创造过非常优异的成绩，并多次刷新国内及国外跳高纪录，在国内外都具有一定的知名度。

黄健教练对苏联的田径运动训练理论与方法进行学习后，在对我国田径运动员基本情况和训练特点进行分析的基础上，合理借鉴这些内容来创造适合我国运动员的训练方法，独具特色的“黄健跳高训练法”就是其融合国内田径发展水平和国外训练理论创造出来的。在训练中，黄健并没有一味采用国外的训练理论和方法来对运动员进行指导，而是对我国田径发展特点和运动员的实际水平进行了综合的分析，并在此基础上设计了科学、合理、有效的训练方法。不管是在身体训练和技术训练中，还是在运动量安排和运动负荷调整上，黄健教练都充分考虑了我国的田径发展现状，其所设计的训练方法符合我国国情，也符合运动员的身体素质及运动基础，因此在增强运动员体质、提高运动员训练水平方面发挥了重要的作用。

黄健教练在对跳高运动员郑凤荣进行训练的过程中，以郑凤荣的训练特点为依据制订了大运动量的训练，即每周训练9次，每次训练时间大约为3小时。郑凤荣在1956年总共参与了309次训练，这在当年刷新了世界纪录。黄健教练在选择训练手段方面，对全面的身体训练手段作了突出的强调，郑凤荣虽然是跳高运动员，但是教练要求其参与的训练涉及短跑、跨栏、跳远、铅球、体操等相关项目，并采取了有关这些项目的丰富多彩的训练手段。正是因为接受了全面的训练指导，郑凤荣的跳高水平才能不断提高，也才能得到全国乃至全世界跳高界的认可。

在进行技术训练的过程中，黄健教练不以死板的技术训练模式来指导运动员，而是让运动员尽可能掌握多种技术，注重以运动员的身体素质、运动水平等为依据来设计适合运动员的最佳训练方案。训练中，黄健教练非常细致，也很严谨，为促进运动员田径运动水平的提高提供了很大的帮助。

（二）“杠铃挂帅”给我国田径运动训练理论发展带来的影响

1959年12月，全国田径训练工作会议在武汉举行，我国一些体育教练在该次会议上强调应将运动员身体素质中力量素质的训练重视起来，从训练的全面性来看，这是没有问题的。然而，他们在会上对苏联力量训练中采用的“杠铃练习”方法的作用过分夸大，过分强调。这就导致后来我国田径运动员都通过“杠铃练习”来发展自己的力量素质，将此作为提高自身运动成绩的重要方法，有些运动员甚至不顾自身的实际情况，不断加大杠铃重量来进行超负荷的训练，这是不科学的。

如果运动员能够科学合理地采用“杠铃练习”方法，那么他们能够从中获得良好的训练效果。然而，当时我国田径运动的训练水平还不高，所以盲目训练、照搬照练的情况极为常见，大兴“杠铃练习”在一定程度上影响了运动员科学参与田径训练的效果，也影响了我国田径运动训练理论的发展。有些运动员无限制地采用这一方法进行练习，最后练得四肢肌肉粗壮，这对其参与专项比赛造成了不良的影响。

一些长跑和竞走运动员也跟风采用杠铃练习法，在不断加大杠铃重量进行训练后，两腿变得非常粗壮，甚至在跑步和竞走时还将大腿内侧磨破了。这些都告诉我们，盲目采用这一练习方法不仅不会取得良好的训练效果，不会提高运动水平和运动成绩，还会给身体带来伤害，适得其反。

三、田径运动训练理论发展的停滞（1966—1976年）

1966—1976年这个特殊的历史阶段在各方面都给我国社会造成了严重的打击，影响了社会各个领域的发展，体育事业的发展也没能逃过此浩劫。这期间，我国田径运动发展停滞不前，甚至在不断下降，与世界体育强国相比，我国田径事业的发展微不足道，二者的差距明显，不管是在运动成绩上，还是在田径训练理论研究上都是如此，整个体育领域的运动训练严重停滞。

四、田径运动训练理论的恢复发展（1978—1981年）

（一）召开全国田径训练工作会议

随着第十一届三中全会的胜利召开，拨乱反正的工作在我国全面开展起来，在党和政府的领导下，社会各领域重新发展和恢复，呈现出欣欣向荣的局面。1981年12月，北京召开全国田径训练工作会议，重点探讨如何提高我国田径运动发展水平以及如何开展训练工作，并建立相关的组织机构的问题。参加大会的共有290多人，这些会议参与者主要是我国各省市、自治区、解放军、体育学院的领导、科研工作者和教练员。

（二）运动训练分期理论的引进

20世纪70年代末，我国实施对外开放政策，对外交往也在不断增多，在这一背景下，我国体育界的工作者认识到加强体育国际交往，对体育强国的田径训练理论进行学习与借鉴非常有利于促进我国田径运动训练的发展，有了这一认识后，我国有关部门就派遣相关人员前往体育强国对先进的训练理论进行学习。学成归来的工作者将《运动训练分期问题》这本著作引入我国，该著作由苏联学者马特维耶夫所编写，其对世界田径运动训练的发展产生了非常重要的影响。

《运动训练分期问题》一书对运动训练中的全年训练计划作了阶段划分，主要分为准备期、基本期和过渡期三个时期，对这三个时期的具体分析如下。

1. 准备期

准备期包括两个训练阶段，即冬季训练阶段和春季训练阶段，两个阶段共5个月的时间，即从这一年的12月份到下一年的5月份。

（1）冬季训练

冬季训练主要是为了完成以下几方面的任务。

第一，使运动员经过训练后，身体得到全面发展。

第二，对运动员的田径专项体能素质进行培养。

第三，使运动员对田径技术进行掌握，并加以改进。

第四，使运动员完成各个练习的规定任务。

第五，完成相关教育教学任务。

（2）春季训练

春季训练主要是为了完成以下几方面的任务。

第一，进一步使身体得到全面发展。

第二，促进运动员一般耐力水平的提高。

第三，对运动员的田径专项身体素质进行进一步的培养，使其专项素质得到提高。

第四，使运动员的田径技术得到进一步的改进。

第五，进一步完成各个练习和有关教育教学的规定任务。

2.基本期

基本期的训练包括两个阶段，竞赛前训练阶段和竞赛期训练阶段，两个阶段共5个月的时间，即从5月份到10月份。

（1）竞赛前训练

竞赛前训练主要是为了完成以下几方面的任务。

第一，在夏季环境中要求运动员对田径技术进行掌握，并不断巩固已掌握的技术，从而达到熟练运用的程度。

第二，促进田径运动员专项身体素质水平的进一步提升。

第三，优秀田径运动员应在进一步的训练中保持已获得的全面身体发展水平，避免身体素质下降。

第四，促进有关教育教学任务的进一步实现。

（2）竞赛期训练

竞赛期训练主要是为了完成以下几方面的任务。

第一，结合技术改进使运动员的田径技术不断巩固与熟练，这是这一时期最主要的任务。

第二，促进运动员意志能力和适用于选项的机能能力的提高与增强。

第三，运动员在不断训练的过程中保持已获得的身体素质水平。

第四，促进有关教育教学任务的进一步实现。

3. 过渡期

过渡期的训练同样包括两个阶段，即秋季训练阶段和休息阶段，两个阶段共2个月左右。在秋季训练阶段，训练量应比前几个时期低一些，主要以恢复身体机能为主。在此期间，运动员要注意消除疲劳和解决伤病问题。在休息阶段，运动员应以积极休息为主。

《运动训练分期问题》中提出的运动训练分期理论有利于科学指导我国田径教练员制订田径训练计划。

（三）训练科学性的提高

与过去相比，20世纪70年代末到20世纪80年代初我国田径运动训练的科学性在不断提高，这主要体现在训练计划制订、训练过程掌握及训练后恢复的研究等几个方面。这一时期田径运动员在追求更好的运动成绩的过程中，仍以大运动量训练为主，而且训练内容和方法的针对性在不断增强。此外，这一时期，田径教练员非常注重对运动员的技术诊断和医务监督，同时对心理训练也有了更加深入的认识。有些研究工作者积极研究训练恢复理论，并在实践中合理运用该理论，以此来促进运动员训练后的有效恢复。

五、田径运动训练理论的全面发展（1983年至今）

（一）我国出现多种训练理论与方法

我国体育事业在改革开放后的发展速度不断提升，田径训练领域同样呈现出一片繁荣的景象。一些老专家和经验丰富的田径教练员重新回到自己的岗位上工作，一些年轻教练员也在不断学习新知识，提升自己的专业素养。20世纪80年代，我国实施改革开放政策的时间还不长，所以我们在举办田径比赛时基本上是沿用20世纪50、60年代的竞赛制度，全国田径锦标赛、全国田径分区赛、田径冠军赛等是20世纪70、80年代主要举办的田径比赛。通常我国会在四、五月份举办田径分区赛或锦标赛，在九月份或十月份举办田径冠军赛。

受传统赛制的影响，20世纪80年代我国主要采用双周期训练理论来安排运动员的训练过程。而单周期的训练安排主要是用于体校或一些运动队的运动员，这主要是因为这些运动员每年只参与一次田径比赛。

随着改革开放的不断深入，我国田径比赛制度也在不断进步与完善，而且逐渐开始采用国际性的比赛制度来安排国内田径赛事，如按照国际赛制举办一些商业性田径赛事（田径大奖赛、黄金赛等），高水平运动员每年可参加的商业赛事多达5～10场，传统的单周期或双周期训练安排已难以满足运动员参与比赛的需要。随着赛制的改革与竞赛的增加，单双周期的训练理论逐渐被“双周期、多周期”和“板块结构”训练理论取代，后者是专门针对优秀运动员的，是一种比较理想的训练模式。

（二）对全面培养与训练的认识不断加深

一般来说，只要是提起运动员全面训练，人们就简单地认为是对身体素质的全面训练和培养，而且在大多数人看来，田径训练只是出现在田径场上，只与运动员和教练员有关，这些理解与认识都是片面和狭义的。田径运动员的全面训练主要包括身体素质、技术、心理、智力等方面的训练，此外，运动员选材、运动员管理、思想教育以及训练恢复等也是运动训练的主要内容。运动训练过程极其复杂，包含很多环节，而且各个环节之间都有很密切的联系。

运动训练过程是一个从选材到成材的系统工程，这个工程的开展要经历三个阶段，即初级训练阶段（基础）、中级训练阶段（提高）和高级训练阶段（巩固），这是从纵向的角度而言的。从横向的角度来看，运动训练的各个阶段都有很多问题要解决，而且重点是解决完善性问题。

（三）高水平田径运动训练对专项能力的培养与训练更加重视

在运动训练过程中，高水平运动员一般会采取高强度的训练负荷来参与专项训练，而且该负荷强度与专项比赛中的比赛负荷是相接近的。高水平运动员的身体素质水平较高，技术能力也很强，在田径比赛中怎样将自己的专项能力和比赛能力充分发挥出来是这类运动员在运动训练中面临的主要问题。所以，高水平运动员一般参照少、精、最优化的原则来选用专项练习手段。从训练角度而言，要想培养运动员的技术能力和比赛能力，就要安排与比赛相接近的、高强度的训练负荷，只有这样，才能使运动员在训练过程中获得最具稳定性的专项技术能力。

（四）我国著名教练员科学总结田径训练法

20世纪80年代初，在改革开放的影响下，优秀田径教练员不断涌现，这些教练员以我国田径运动员的身体素质和各方面条件为依据对独特的田径训练方法进行了总结，当然，在总结过程中还学习与借鉴了国外的一些先进训练方法，同时对田径各项目的特点进行了分析，这样总结出来的训练方法才更具科学性，才更适用于我国运动员，也才能更好地发挥训练方法的价值。下面就几个代表性的田径训练法进行分析。

1. 孙海平高栏训练法

孙海平原来是上海市田径队的跨栏教练，后来是我国国家队的跨栏组主教练。他所培养的优秀运动员主要有陈雁浩、刘翔等。陈雁浩是上海高栏运动员，曾在20世纪90年代两次获得亚洲田径锦标赛110米高栏冠军。刘翔取得的成绩更是辉煌，其在国内外都享有盛誉。孙海平教练在对运动员进行培养的过程中，所采取的训练方法大都具有大强度、小负荷量的特点，而且对训练速度和技术训练强度也十分重视，反复向运动员强调。孙海平教练自己也对一些与跨栏运动特点相符的专项力量训练方法进行了创编，此外，其还比较重视训练运动员的核心力量。

2. 胡鸿飞背越式跳高训练法

胡鸿飞是我国著名的跳高教练，我国优秀跳高运动员朱建华就是由胡鸿飞教练培养起来的，而且在朱建华10岁时，胡鸿飞教练就着手培养工作了。朱建华小时候体弱多病，但在胡鸿飞教练多年的带领下，其终于成为优秀的跳高运动员，且多次打破世界跳高纪录。胡鸿飞教练在对朱建华进行培养的过程中，主抓三点，即基本技术、身体素质和训练方法。胡教练基本上要求运动员每天都要练习基本技术，每次训练课都要练习身体素质，而且对腿部大肌肉群的训练尤为重视。胡鸿飞教练在安排训练时不是盲目安排的，是有目的性有侧重点的，不同的周训练中有不同的重点训练内容，这周主抓速度训练，下周就可能主抓弹跳训练了。在整个训练过程中，速度始终是胡鸿飞教练强调的核心与重点，因此在其悉心培养下，朱建华形成了三快技术风格，即助跑快、起跳快和过杆快，这个风格也是朱建华取得优异比赛成绩的关键。

3. 阚福林推铅球训练法

阚福林原来是我国国家田径队的总教练，其在担任田径总教练时还担任女子铅球队主教练，李梅素、黄志红、隋新梅等我国优秀女子铅球运动员都是由阚福林教练培养的，这些运动员是世界级的优秀运动员，多次在世界田径大赛中为我国争光。这些运动员所取得的辉煌成绩与阚福林教练的训练风格是分不开的。阚福林教练在训练过程中重点强调以下两个方面的内容。

（1）基本技术训练

在一次具体的技术课中，阚福林教练要求每个运动员都要用不同重量的铅球来进行完整技术练习，而且练习次数多达几十次。

（2）专项力量训练

阚福林教练也十分重视运动员的力量训练，每次训练课都会对速度力量和专项力量训练作突出的强调。

4. 马俊仁中长跑训练法

中长跑教练马俊仁在对运动员进行培养与训练的过程中，具有以下两方面的特点。

（1）大运动量训练

田径运动员和教练员都知道，马俊仁教练在对运动员进行训练指导时，一般都是进行大运动量的训练，其训练风格被概括为“四个结合”，具体来说，其在指导运动员训练的过程中，充分结合了慢跑与快跑、大运动量训练与高强度训练、高原训练与平原训练、长距离与短距离。由他指导的运动员全年训练量高达8000多千米，远远超过一般运动员。不仅是训练量大，马俊仁安排的训练强度也非常大。马俊仁教练的队员在训练过程中，除了要训练自己的专项外，还要训练其他不同距离的跑，甚至还要进行马拉松训练。在具体的训练过程中，运动员基本上是一到田径场就开始练习，起初是慢跑，慢跑一段时间后就是冲刺跑，跑的距离大约是800～3000米，快跑后又进入慢跑阶段，之后又开始练习冲刺跑，如此反复进行，一次训练课中这样的练习会重复两三次。

（2）高原强度训练

在比赛前安排高原强度训练是马俊仁教练的另一个特点，训练时间多达一个多月，在高原训练结束后，运动员还要进行平原训练，以增强适应能力。

总体来说，马俊仁教练对运动员的训练是非常严格的，而且对运动员的管理已经接近军事化了，在其严格的指导下，我国优秀中长跑运动员王军霞、曲云霞等在国内外田径中长跑项目中创造了很多辉煌的成绩。

（五）有关田径训练理论的专著大量出版

随着田径训练方法的不断丰富和我国田径运动水平的日益提高，相关专家及学者对田径训练理论的研究也越来越重视，并在深入研究的基础上对一些田径训练方面的专著与教材进行了编撰，如《训练的科学化探索》《田径教练员岗位培训教材》《田坛经验论》《田径热点论》等都是具有代表性的优秀作品，这些教材与专著在指导我国田径运动训练实践和理论研究方面发挥了举足轻重的作用。

第二节　高校田径训练的科学理念

高校田径训练的发展离不开科学理念的指导，在高校田径训练中，尤其是高水平田径运动队训练中，必须树立科学的训练理念。本节主要分析对高校田径运动队训练具有重要指导意义的专门训练理念和周期训练理念。

一、专门训练理念

随着田径运动训练理论的不断发展，当今世界上有很多高水平的运动员都非常重视采用专门训练法来进行训练。在专门训练过程中，会涉及一般和专项身体训练、技术训练、力量训练等多方面的内容，这些训练内容都应以专项为核心，这也是当前田径运动训练的一个重要发展趋势。

专门训练是为满足田径运动竞赛需要而安排的训练。现阶段，不管是国内还是国外，每年都会举行很多田径运动竞赛，一般优秀运动员在每次的竞赛中都能稳定地发挥出自己的水平，取得理想的比赛成绩。田径比赛主要是运动员之间展开专门能力的较量。优秀田径运动员层出不穷，他们的实力相差无几，至于谁能取胜，不到最后是不好预判的，这就对田径训练的专门化提出了更高的要求。在专门训练过程中，要安排与比赛相接近的训练内容、训练方法以及训练强度，这样效果才明显，才能使与比赛要求相符的神经肌肉和供能系统的稳定结构得以建立，如果运动员在平时注意专门化训练，形成了稳定的竞技状态，那么其在比赛中取得好成绩的概率就会大大提高。

专门训练与田径训练的基本规律是相符的。在专门训练中只有突出专项，根据项目特点安排训练因素才能取得明显的训练效果。“练为战”是运动训练的出发点，也是运动训练的最终目的，运动训练始终都要遵循的一项关键原则是训赛一致。

田径运动训练发展的现实情况要求运动员进行专门训练，运动员只有深入认识了田径专项的特点与规律，才能有效地进行专项训练，也才能促进田径运动训练的不断发展。田径运动中的各个单项各有特点，在不同项目的训练中应坚持不同的训练指导思想，安排不同的训练负荷以及选用不同的训练方法。

总之，在提高田径运动成绩方面，专门训练发挥的作用不可小觑。现代运动训练规律表明，只有突出专项，进行专门训练，以项目的发展规律与特点为依据对相应的专门训练内容与方法进行设计，才能达到提高专项成绩的目的。

（一）专门训练的概念

在运动训练过程中，围绕专项竞赛来对训练目标、任务、方法和负荷等进行安排，即开展运动训练以专门化竞赛为出发点和最终归宿，这就是专门训练。

在高水平的田径比赛中，参赛运动员之间的竞技水平相对来说是相似的，因此运动员只能以微弱的优势取得比赛的胜利，这就提高了比赛竞争的激烈性与对抗性，而这要求田径运动员在平时加强专门训练，以此来提高自身的获胜概率。在运动训练理论研究及实践发展的过程中，专门训练是提高运动成绩的重要途径这一说法是得到普遍认可的，是科学合理的。

（二）运动员进行专门训练的意义

1. 专门训练有利于运动员尽早取得优异的比赛成绩

优秀田径运动员一般在很年轻的时候就获得了优异的比赛成绩，甚至有些运动员在年轻时还创造了世界青年纪录。例如，杰克逊是英国110米栏运动员，其最早达到世界先进水平是在19岁，最早刷新世界纪录是在22岁，而且其在世界跨栏界的排名一直都是靠前的。罗伯斯是著名的古巴小将，其最早在世青赛上取得第二名的好成绩是在18岁，在世界上排名第一是在20岁，最早打破世界纪录时还不满22岁。刘翔是我国优秀的跨栏运动员，其起点很高，在运动生涯中也取得了许多辉煌的成绩。这些运动员之所以早早就取得了优异的成绩，主要就是因为其经过了长期系统的专门训练，这对田径后备人才具有一定的鼓舞性。

虽然青少年训练应以一般训练为主，目的是为以后的全面和专项训练打基础，不要着急早早在国际比赛中一战成名。但从现实来看，世界高水平的田径运动员往往在青少年时期就具备了良好的专项能力，而且早早就打破了一些世界纪录，这类运动员的典型代表有塞巴斯安·科（中长跑运动员）、斯迪弗塔·科斯塔迪诺娃（跳高运动员）、安德烈·阿布杜瓦利耶夫（链球运动员）等。因此，要想取得优异的专项成绩，而且希望在早期就取得这些成绩，建议采用专项训练手段，这些训练手段还能够使运动员的专项能力保持很长时间。不可否认，有些优秀的田径运动员并非在青少年时期取得优异成绩的，他们大器晚成，在青壮年成熟期后才开始具备了高超的专项能力，这些运动员与前一类运动员相比，保持好成绩的时间相对较短。

我国优秀跨栏选手刘翔最早取得优异的专项成绩也是在青少年时期，其在世青赛中荣获第四名的好成绩是在17岁，最早刷新亚洲纪录是在19岁，最早获得奥运会冠军是在21岁，最早刷新世界纪录是在23岁，可见在高校甚至高中阶段就可以进行专门训练。刘翔没有按部就班地按照传统的训练模式进行训练，他几乎是同时进行专项训练、身体训练的，因此其发展也比较全面。刘翔在进行身体训练的过程中，重点与专项训练结合起来进行训练，这样训练的目的性就很强，训练效果也很显著，可以避免做一些不必要的训练。刘翔在专项训练中，采取了高强度的训练负荷，因此对应地在专项素质训练中也采取了高负荷进行训练，这就是其能够在短时间内不断突破，不断取得优异比赛成绩的关键，对其他运动员而言，这是一个传奇。

有很多人都对刘翔短时间内跻身世界一流运动员之列很是不解，因为正常来说，田径运动员大概需要7年的时间才能达到世界水平，而刘翔只用了5年。对此，刘翔的教练孙海平作了如下解释，传统的运动训练都是将各个训练内容割裂开来的，也就是说今天练什么就是什么，不练其他的，在经过不同的训练之后，再将这些训练结合起来，事实上，组合单一的训练内容是很耗时间的，而且需要一定的物力和人力资源才能实现，这不利于运动员早日成才。而我们现在的训练从一开始就将一些相关的训练因素融合起来了，这样就可以不用再花时间来进行重新的组合与转化了，这不但能够促进训练效率的提高，还能有效刺激运动员的神经系统，使运动员尽快掌握专项技术，在专项上达到一定的水平，这也是刘翔用5年时间就达到世界水平的一个主要原因。

综上，高校教练员在对田径运动员进行培养时，应树立新的观念，以新的训练指导思想对运动员进行指导，对田径项目的特性加以准确的把握，将专项技术训练重视起来，强调专项能力的优先发展，将专项训练作为田径训练的主要方向。

2. 专门训练有利于保障运动员田径运动成绩的提高

从能量转换的视角而言，运动员只有具备了专项素质，才能形成一定的动能，而且该动能也才能向足够高的势能转化。与欧美国家的运动员相比而言，亚洲运动员的一些身体素质还是比较差的，如力量、速度等。与国外高水平的跨栏运动员相比，刘翔的绝对速度较差，但孙海平教练非常注重对刘翔进行专项技术训练和专项身体素质训练，这也是刘翔综合能力高、各项素质综合能力强、在比赛中总能胜出的主要原因。通过翻阅与分析刘翔的训练资料后了解到，除了一些必要的准备活动外，120米以上的训练内容在刘翔的训练过程中从未出现，而且刘翔每周只跑两千米左右的距离，从这些数据来看，刘翔的训练量并不大，在中小训练量的基础上，刘翔依然能够取得优异的比赛成绩，离不开其所参与的专项训练活动。因此说，刘翔之所以能够取得成功，与他全面的专门训练是密不可分的。

综上所述，在高校田径运动训练过程中，一定要在专项的基础上安排训练手段和方法，不管是锻炼身体素质，还是提高田径技术，都要采取专项训练的手段，这是大学生运动员在比赛中争取优异成绩的可靠保证。实践证明，运动员只靠一般训练很难取得优异的运动成绩，必须将专门训练高度重视起来。

（三）提高高校田径专门训练效果的对策

1. 对专门训练的目的和意义有一个正确的理解

田径运动竞赛的发展、田径运动训练的发展等都要求运动员应按照专门训练模式进行训练。专门训练有利于大学生田径运动员更早获得优异的比赛成绩，也有利于提高运动员的运动成绩。

只有对专门训练的目的和意义有一个正确的认识与理解，才能按照专项比赛的要求来安排具体的训练，如对训练强度、训练时间、训练内容等的安排都要充分考虑比赛的要求，即训练中练的内容要与比赛中比的内容高度一致。只有在田径运动训练中对专门训练的方法和手段予以正确与合理的使用，才能使运动员的运动成绩进一步得到提高。跨栏明星刘翔就是一个成功的案例，其能够取得今天的成就，与其全面的专门训练是分不开的。

2. 对田径运动项目特征进行深刻的认识

当前，田径运动的专项成绩已达到较高的水平，运动员要想继续刷新纪录是很难的，这就要求运动员加强训练，提高训练水平，和教练员共同配合为运动成绩的提高付出不懈的努力。

高校田径教练员要想进一步推动运动员运动成绩的提高，首先自己必须先对田径运动项目特征有一个正确的认识和深入的理解，这样才能将训练指导思想确立下来，才能对提高专项成绩的训练方法进行设计和选用，也才能对训练过程进行合理的安排，对训练负荷进行有效的控制，从而使训练任务和计划目标能够尽快完成。倘若教练员对自己训练的项目的特征没有一个清晰的认识和深入的理解，就不可能制订出科学有效的训练方案，这样的话，运动员在训练过程中就会白白浪费很多的精力、体力与时间，即使进行高负荷和大运动量的训练，成效也不会很明显，甚至还会出现过度疲劳和运动伤病，威胁健康与安全。教练员必须以田径项目的性质、特征为依据，对运动员的专项能力进行有目的、有计划的训练，这样才能大大提高训练效果。

带障碍的短跑，这是孙海平教练对跨栏项目的特性的总结与理解。在这一基础上，孙海平不管安排什么练习内容和方法，都以此为核心，在选用具体的练习手段时，首先考虑的就是所选的手段与专项之间存在什么样的联系，能否帮助运动员提高专项成绩。只有准确把握了项目特性，才能使设计与选用的训练内容、方法与手段与专门训练的要求更相符，才能使运动员不断突破自己，打破纪录。

3. 对专门训练计划进行科学安排

孙海平教练为刘翔制订的周训练计划主要包括三方面，即与专项有关的一般身体训练、专项身体素质训练以及专项训练。这三个方面是相辅相成的关系。在传统的训练模式中，培养一名运动员一般是先用三年的时间来打好基础，这三年重点是进行一般身体素质训练，然后向专项身体素质慢慢转化，开始专项练习一般都是在五六年以后。所以，过去教练员需要花费七八年的时间才能将一名运动员培养成世界冠军。而孙海平教练因为非常注重全面的专门训练，所以将刘翔培养成为世界顶尖跨栏运动员只用了短短五年的时间，这在世界体坛是极具传奇性的。

因为孙海平教练能够准确把握跨栏运动的项目特征，所以能够以专项为核心制订训练计划，能够选用与专项密切相关的训练方法与手段对运动员的训练进行指导。例如，孙海平教练曾以高栏的技术特点为依据设计了30多种练习方法。刚开始这些训练手段都会用到，在刘翔具备了一定的专项身体素质后，所选用的训练手段越来越少，但越来越精细和优化了。

4. 培养优秀的教练员

我国一些教练员在对运动员进行培养的过程中，虽然也会安排专项训练，但并没有与项目的特点密切结合，所以选用的训练方法和手段也很难有效地提高运动员的专项能力。因此，对优秀的教练员队伍进行建设及加强对田径专门训练的研究对我国田径专项成绩的提高具有积极的意义。

高校田径教练员的文化理论素质相对而言较低，缺乏对专门训练理论进行研究与探索的能力，这样也就严重影响了对田径运动训练实践的科学指导。文化理论素质较低的教练员无法科学严谨地认识与理解项目特点，有些教练员甚至不了解所执教项目的发展现状，更无法准确认识和把握项目发展的特点和规律，缺乏一定的科学训练意识和观念，所采取的训练方法也很传统，这对运动训练水平的提高和项目的发展造成了严重的制约。

法国十分注重对教练员与科研人员的培养，而且其培养模式与方法对我国具有很重要的借鉴意义。法国体育学院对教练员作了明确的定位，即担任教练工作的人员应突破传统的技术型教练，努力转变为全面型教练。法国青体部技术司司长认为，教练员不仅是项目的负责人，同时也是项目的规划人和推动项目发展的主要策划人员。教练员的工作不仅是对优秀的运动员进行培养，还要对有关理论进行研究，参与选材工作，提供技术支持，等等。法国有一些体育科研人员曾经是优秀的运动员，这些运动员在退役之后接受了专门的培训，经过不断的努力向科研工作者转型。他们对运动训练有深入的理解，训练经验也很丰富，对自己的事业充满激情，因而能够很快胜任研究工作。在科研人员的指导下，教练员能够对科研工作的方法和手段有一定的了解与认识。教练员懂科学研究、科研者懂运动训练的环境使得运动训练与运动科研紧紧联系在了一起，这就需要教练员与科研人员进一步加强合作，共同为运动训练和项目的发展做出自己的贡献。

在比赛中取胜是竞技体育最终要实现的目的，所以围绕比赛而开展的训练活动才是科学有效的。有关理论和多年的实践证明，专门训练是竞赛成绩提高的必然手段和根本保障。孙海平正是因为充分认识到了这点，所以才会在对刘翔进行培养的过程中，科学采用与专项有关的训练内容与手段，才会从与专项有关的一般身体素质训练、专项身体素质训练及专项训练三个方面来设计与实施训练方案，只要是专项需要的，一定会安排相应的训练，如果专项不需要，就不会浪费太多的时间去安排训练，刘翔的成功也充分证明了该训练指导思想与模式是科学的、可取的、有效的。

需要注意的是，我们虽然对专门训练作了重复多次的强调，但并不是要求运动员每天都练习专项技术，这不是真正意义上的专门训练，我们对此不断强调主要是为了使教练员与相关工作人员认识到在运动训练系统中专项的重要性，要强化专门训练的地位，要在选用练习方法与手段时先考虑该方法与手段是否与专项有关，有何关系，在提高专项能力和运动成绩方面有何重要的影响。

田径运动中所包含的单项多达40多个。不同项目都有自己独特的训练方法、手段、结构、内容、负荷等，这就说明不同的项目有自己不同的专项特征。我国很多田径项目的教练员还未深刻认识到田径运动项目的特征和比赛的特点，因此在指导运动员训练的过程中较为盲目，目标不明确，这就导致运动员虽然付出了很多时间和精力，也没有取得好的成绩，甚至还影响了身体的健康。吸取这一教训，高校田径教练员应深入研究与探索专门训练理论，并将此理论运用到高校田径运动训练实践中，使运动员的每一次训练都达到很高的效率，取得良好的训练效果。

二、周期训练理念

周期训练一经问世就受到了世界各国的关注与重视，欧洲许多国家都将此作为运动训练的重要理论，在体能类项目的训练中运用此理论进行理论指导的情况较为常见。苏联也非常注重在运动训练中参照周期训练理论，我国一些体育工作者从苏联留学归来后，将这一理论带到了我国，因此在我国的运动训练理论与实践中，周期训练理论所占的位置也是很重要的。这一理论最早被提出是在20世纪60年代中期，从那时起，我国就在这一理论思想的指导下来安排竞技运动训练，特别是依此来设计体能类运动项目的训练计划。我国教练员与运动员普遍接受与认可该理论的内容，因此我国运动训练实践的发展与该理论有着密切的关系，至今其仍然是指导我国运动训练工作开展的重要理论之一。体能性项目的相关研究是建立周期训练理论的重要基础，因此该理论对田径运动训练有很重要的指导价值。

周期训练已有几十年的发展历史了，在这几十年间，其被广泛运用到运动训练实践中，因此极大地促进了运动训练的发展。然而，在近些年，竞赛制度发生了很大的变革，每年举办的体育赛事数不胜数，这严重冲击了周期训练理论的发展，新时代下的运动训练发展实践与传统的周期训练理论之间是存在一定矛盾的，双方的冲突引发了人们的质疑，但任何事物的发展都不是一帆风顺的，人们的质疑也是两面性的，虽然使周期训练理论受到了一定程度的打击，但也在一定程度上促进了该理论的发展与完善。经过质疑之后，周期训练理论的内容更加丰富，重新得到了人们的认可，因此其在现代运动训练中依然发挥着举足轻重的作用。

（一）田径运动周期训练的依据

周期训练理念主要用来对年度训练计划设计进行指导，也就是说，教练员可以参照这一理论来制订与安排年度训练计划。周期训练理念提出，可以将以年度为时间单位的年度训练计划分为三个训练阶段，即准备阶段、比赛阶段和过渡阶段，在不同的阶段应安排不同的负荷强度、负荷量，应严格把握一般身体训练和专项训练的比例。目前来看，年度周期性特征在田径运动竞赛系统中也有一定程度的反映，所以教练员在制订田径年度训练计划时，也会以年度周期训练理论为参照。年度周期可以分为两类，即平常年度和重大比赛年度，这样划分的依据主要是看其是否包含奥运会、世锦赛等重大比赛，年度周期还有一种划分方法，具体划分为三类，即基础训练年度、提高训练年度和恢复训练年度，这样划分的依据主要是年度主要训练任务。

周期训练理念形成的依据如下。

1. 竞技状态形成的规律

在竞技完善的每个新台阶上，运动员通过相应的训练所获得的对运动成绩的最佳准备程度状态就是所谓的竞技状态。在运动竞赛中运动员所展示的运动成绩是对其竞技状态进行评价的主要指标。如果运动员在比赛中所展示出来的运动成绩可以多次达到最高水平运动成绩或接近该成绩，说明其拥有良好的竞技状态，而且达到与接近的次数越多，状态就越好。运动员竞技状态的发展具有周期阶段性，这也是进行周期训练阶段划分的主要基础与依据。而竞技状态的发展又会经历获得、保持（相对稳定）和暂时消失三个阶段，且这三个阶段是交替变化的，因此相应的，训练周期也分为准备期、竞赛期和过渡期三个阶段，第一个训练周期主要是形成一定的竞技状态；第二个训练周期主要是使已经获得的竞技状态得以保持，并在比赛中展示这种状态；第三个训练周期主要是进行积极性休息，保持已获得的训练水平。为了对优秀运动员年度竞技状态的变化规律进行探索与研究，周期训练理论的提出者马特维耶夫对田径、举重、游泳三个项目的优秀运动员的年度运动成绩变化资料进行了统计与整理，共计450多份，并以此为基础和依据将年度周期分为三种类型，即单周期、双周期和三周期。

运动员拥有最佳竞技状态是其创造优异成绩的基础，即运动员在比赛中只有保持最适宜的准备状态，才能取得良好的成绩。合理控制训练过程是形成良好竞技状态的基础，运动训练主要是为了取得优异成绩而进行的，因此在训练过程中必须注意良好竞技状态的形成与保持。判断运动员是否处于良好的竞技状态，主要是观察以下几方面的要素。

（1）运动员的恢复过程是否明显缩短。

（2）运动员的专项运动感觉是否有所提高。

（3）运动员的技术是否稳定，动作是否规范协调。

（4）运动员是否对比赛有很高的渴望。

2. 竞赛项目日程的安排

周期训练的目的是对运动训练过程进行科学合理的安排和有效控制，以使运动员取得更好的专项成绩。在比赛中取得优异的成绩又是运动训练的根本目的，因此了解竞赛项目日程的安排有助于我们对训练周期做出合理的划分。

训练日期、训练阶段的划分等都会受到竞赛日程安排的影响。竞赛项目日程一般就是官方发布的比赛日期，因此在对训练过程进行调控时要注意时间的合理安排。除此之外，比赛结构也会受到竞赛日程安排的影响，而训练时期的持续时间在一定程度上又会受到比赛结构的限制。在年度田径训练中，应依据比赛的重要性对其进行不同类型的划分，并以训练时期的特点为依据来安排具体的训练阶段。如果是训练比赛，即重要性不是很强、训练和监督特征明显的比赛，将相关训练安排在准备期。如果比赛很重要，那么将相关的训练安排在竞赛期，过渡期以积极活动训练为主。

现阶段，田径运动竞赛发展的商业化、职业化趋势在不断增强，高水平运动员每年要参加很多场比赛，因此传统的周期训练安排已经无法满足运动员的比赛需求了，需要重新进行周期训练安排。但我们要认识一点，田径赛制的变化与更新并不是为了给运动员提供参与比赛的机会，而是为了使运动员在参与比赛的过程中获得良好的专项水平，从而在更重要的田径比赛中获得优异的成绩。这就是以比赛的形式来提高训练水平的典型，单纯的训练也能达到提高训练水平的目的，但远不及比赛手段所发挥的价值。

总体来说，在比赛中取胜是田径运动训练的最终目的，因此训练周期划分应以竞技状态为内部依据，以竞赛日程为外部依据，而且应以比赛安排为依据来调节竞技状态，在年度训练周期划分中应以竞赛日程安排为主要依据，主要从改革与创新竞赛制度着手对训练周期的划分进行研究。

（二）运动员年度训练周期安排的建议

1. 以能够在重大比赛中获取优异成绩为基本原则

先对田径比赛进行类型划分，即分清楚哪些是主要比赛，哪些是一般性比赛，同时以竞技状态形成与发展的规律性为目的对全年的训练和比赛进行合理安排，对“以赛带练”和“以赛促练”的方法进行有选择的采用，保障运动员在重大比赛中能够保持良好的竞技状态，取得优异的成绩。

2. 有机结合比赛与训练

比赛是训练的目的，也是提高训练效果的关键性方法。每个周期都为优秀运动员安排热身赛和比赛性测试有利于对训练效果进行检验，能够发现运动员的不足，从而在之后的训练中能够更加具有针对性地开展训练活动，能够进一步明确哪些是重点训练内容。同时每个训练周期的训练内容应是与比赛密切相关的内容，这样能够提高运动员的专项训练水平，从而有利于其在重大的田径比赛中取得优异的成绩，不断实现突破。

3.在训练内容上突出专项

不管是对身体素质训练内容进行安排，还是对技术训练内容进行安排，都应将专项的特点、重点凸显出来。如果不以专项为核心安排训练内容，运动员即使花再多的时间训练，进行再大运动量的训练，也是无济于事的，只有有机结合专项，才能使运动员在训练过程中具备与专项相符的身体素质与技术能力，这样其才有可能在比赛中占取优势。

4.衔接好各周期的训练

在对年度训练周期进行划分与安排的过程中，应将一年中的各个训练阶段看成一个统一的整体，上一训练周期的安排都是为下一个训练周期做准备的，只有加强各个训练阶段之间的联系性和衔接性，才能使年度训练更具系统性和周期性。

（三）合理安排高校田径年度训练周期的建议

随着经济与社会的快速发展，现代竞技体育的环境与条件都发生了一定程度的变化，总体来说，变化趋势越来越好，广大人民群众对竞技体育文化有了更多元和更高的需求，因此竞技体育的社会化与产业化发展趋势也越来越明显，产业化与社会化的发展直接促进了田径比赛数量的增加。因此，我们必须在传统的基础上进一步完善周期训练理论，灵活变化周期训练形式。但是，我们在改革过程中，依然要遵循该理论的一般原理。很多教练员对周期训练理论在指导运动训练实践方面的重要性都有一定的认识，在这一基础上，高校田径教练员应以周期训练理论为依据来对运动训练结构进行安排，同时注意要与现代田径竞赛制度的变化相适应，妥善处理好比赛与训练的关系。

具体来说，教练员可从以下几方面来对年度周期训练计划进行制订与实施。

1.将竞技状态形成的规律重视起来

良好竞技状态是运动员取得优异运动成绩的基础与保障。竞技状态的形成与发展有其自身的规律，教练员只有在分析这一规律的基础上安排训练进程，才能取得预期的训练效果，才能提高运动员的训练水平和专项能力。因此，不管在哪种竞赛制度下，不管是安排什么类型的训练周期，都要对竞技状态的形成与发展规律进行考虑，都不能偏离这一要素。

2. 注重总结周期训练实践

田径比赛的增多要求教练员科学总结周期训练实践，这是很有必要的。在训练实践中，周期训练实践中成功的经验和失败的教训并存，教练员要全面总结，不仅要借鉴成功的经验，还要吸取失败的教训，避免在下一周期的训练中出现同样的错误。只有这样，才能使周期训练计划更好地实施下去，并取得良好的训练效果。

3. 加强对周期训练理论的生物学研究

只从运动训练学的角度来研究周期训练理论是不够的，科研工作者还需要从运动生物学的角度来对周期训练理论进行研究，从而获得生物学上的论证和支持，这样才能使周期训练理论越来越丰富和完善，不断进步与完善的周期训练理论对田径运动训练实践具有更重要的指导价值。

三、其他训练理念

（一）个性化训练理念

个性化训练是指，教练安排训练内容要基于运动员的实际情况，以运动员为中心，选择对他们发展最有利的训练方法、手段。这是保证训练效果的前提条件。个性化训练还体现在每一个训练环节上都应该有明确的针对性、方向性和目的性，针对每一个运动员的实际情况提出相应的训练方案，方案中训练目标具体而明确，训练内容和方法最符合训练对象的实际情况，不能脱离运动员实际而进行宽泛、盲目的训练。

（二）整体性训练理念

田径运动训练以提高运动员的专项技能水平为主要目标，但同时要具有整体意识，兼顾体能、心理、智力等竞技能力的训练。除了要全方位培养运动员的田径运动能力，还要将个人训练与团队训练结合起来，尤其是像接力跑这样的团队项目，从而整体提升高校田径队的综合实力。

第三节　高校田径训练的原则与方法

一、高校田径训练的基本原则

田径训练的基本原则是教练员组织田径训练以及运动员参与田径训练都必须遵守的基本准则，基本准则是从运动训练的客观规律出发而确定的，在指导田径训练组织实施过程以及保障良好训练效果方面具有重要意义。田径运动训练的基本原则具有相对稳定性，在一定的历史时期内能够普遍用来指导田径训练实践。随着田径运动的不断发展，田径运动训练也发生了新的变化，因而要求不断充实与完善田径训练的基本原则，以更加科学合理的基本准则去指导训练实践，保障训练效果。下面具体分析高校田径运动训练的基本原则。

（一）动机激励原则

1. 原则概述

动机激励原则是指通过有效激发运动员的主动性，提高其自觉进行艰苦训练的动机和行为的训练原则。这一原则通过各种方式和途径，试图启发运动员的训练积极性和主动性，提高其内驱力，从而能够独立、自主、创造性地进行刻苦训练，并能够在训练过程中进行自我调控、自我疏导，做好刻苦训练的心理准备。

2. 理论依据

（1）成功动机是重要的原动力

渴望成功是绝大多数人的内在愿望，希望实现自我价值，获得社会的认可，完成自我实现。对于运动员而言，渴望奖牌与成功是不断推动其进行训练的强大动力。美好的愿望和成功的愿景激励和鼓舞着运动员日复一日地进行艰苦的训练，并能不断克服各种挫败、伤病带来的困扰和障碍。运动员之所以能自觉克服重重困难，就是因为具有强烈的成功动机。和普通的社会工作相比，职业运动员需要付出巨大的努力，而结果又充满不确定性。在这种情况下，只有强烈的成功动机才能激励着运动员自觉地献身于训练与比赛之中。对于大学生田径运动员而言，其训练的主要目的在于增强体质、提高训练水平和运动成绩，有了这一动机后才能自觉参与运动。

（2）通过持续激励保持斗志

运动员多年坚持系统的刻苦训练往往承受着巨大的心理负荷与生理负荷。其中包括不断困扰运动员的伤病、竞技水平发展的瓶颈期、人际关系、竞争压力、未来的不确定感等，都给运动员的心理和生理带来极大的挑战，会使运动员感到挫败与退缩，甚至失去信心直至放弃。

因此，在高校田径运动训练过程中需要不断地激励运动员保持良好的动机，及时肯定自己的努力成果，对自己、对未来保持信心。对于运动员来说，感受到阶段性成就是莫大的鼓舞，是继续前行的巨大动力。

（二）竞技需要原则

1. 原则概述

竞技需要原则是指从真实比赛出发，以比赛的标准和要求作为训练的标准和要求对运动员的竞技能力进行训练与培养，通过科学安排训练计划、训练内容、训练手段、训练负荷等，逐渐提高训练效果，完成训练目标。竞技需要原则是先进的训练原则，其相比于传统的被动式训练更能够使运动员的竞技能力得到明显提升，更加体现了现代运动训练的针对性和实战性，是高校田径运动训练的主要指导原则。

2. 理论依据

（1）训练目标的竞技需要

训练目标是训练行为的方向，也是训练行为的终点。运动员的一切训练行为都是为了实现某个训练目标，因此，在训练行动开始之前，要先明确训练目标。如果没有目标，行动是散乱的、无序的，最终也是徒劳的。

（2）专项竞技的特异性

不同的运动项目对运动员的竞技能力有不同的要求。因此，在高校田径运动训练中，首先要全面、深入地认识田径运动各项目的竞技能力特点与要求，了解大学生所具备的能力水平和优势，清楚哪些方面需要尽快提高，只有这样，才能准确地进行与专项竞技需要相符合的训练，对训练内容、训练手段及训练负荷进行非常明确的安排与实施，提高训练的有效性和针对性，争取使大学生运动员尽快达到理想的能力水平。假如忽略田径专项竞技的需要，盲目全面训练，往往会事倍功半，并打击大学生运动员训练的自信心和积极性。

（三）适宜负荷原则

1. 原则概述

在运动训练中，对运动负荷的把握是训练的核心，也是训练的难点。在增加负荷时，需要遵循人体的基本发展规律，考虑运动员个体的特性，选择适宜的负荷进行训练。任何以提高运动员竞技能力为目标的训练都应贯彻适宜负荷的训练原则。适宜意味着训练目标不能脱离实际，训练负荷不能过大或者过小，负荷过小无法引起机体必要的应激反应，若过度负荷又会出现劣变反应。

2. 理论依据

（1）机体的生物适应现象

机体的应激以及适应变化往往保持在一个适度范围内。在这一范围内，负荷量越大，对机体的刺激越深，引起的应激越强烈，机体变化也就越明显，竞技能力的提高也更加明显。

（2）过度负荷带来劣变现象

如果负荷控制不得当，比如负荷过大，远远超过了人体当下的接受能力，那么会带来负面作用。也就是说，运动负荷量并非越大越好，这是因为，机体的生物适应现象只发生在适宜的条件下，也就是负荷适宜、方法适宜等，如果负荷超过了机体的承受范围，会直接给机体带来损伤。需要注意的是，过度负荷不仅是指生理方面，同时也包括心理方面。无论是过度的生理负荷，还是过度的心理负荷，都会引起机体出现不适应的症候。而且，心理不适应和生理不适应的反应不是完全割裂的，某些症候是复合的，过度的生理负荷有时也会引起心理不适症状。当运动员在训练中出现不适应症候时，应充分休息，采取措施积极恢复，否则会对机体造成严重危害，甚至影响运动生涯。因此，在高校田径运动训练中要注意采用适宜负荷，避免运动员机体发生劣变现象。

（四）区别对待原则

1. 原则概述

区别对待原则也是常见的运动训练原则，它指的是在训练过程中，需要以人为本，对不同运动员区别对待，目的是争取让每个运动员都能在最佳状态下进行训练，使每个运动员都获得最佳训练效果。在制订训练目标、选择训练内容、安排训练负荷时，都要做到区别对待。即便是同一个运动员，在不同的时间也会呈现不同的状态，如果在运动员的不同状态下都采用同一种训练方法或者训练负荷，就不能称作科学的训练方法，训练效果必然会大打折扣。

2. 理论依据

（1）运动专项竞技需要的多样性

区别对待原则首先是源于对不同项目的研究，田径运动项目多样，不同运动项目对运动员的要求具有一定的差异性，不同专项运动员的竞技能力是千差万别的。因此不同田径运动项目的专项训练其目的和内容均不相同，应区别对待。

（2）运动员个性的多样性

每个个体都是独一无二的，每一名运动员具有各自独特的身体条件、运动条件以及个性，要想挖掘和发挥他们的最大潜能，就需要遵循区别对待原则进行训练。

（五）自觉性原则

1. 原则概述

自觉性原则是指在训练过程中运动员应自觉听从教练员的指导和安排，并且具有一定的自律意识，能够自觉、主动地练习，主动体会训练的意图，将训练目的与训练过程有机联系起来，大学生田径运动员还应自觉参与制订训练计划，主动向教练提出自己的训练诉求，和教练员共同完善训练计划，并自觉为将要参加的比赛作准备。自觉训练应成为运动员内化的思想意识，这对运动员持续进行训练具有积极意义。

2. 理论依据

（1）在高校田径运动训练中要充分发挥运动员的主观能动性，运动员始终是训练的主体，是技能的接受者。运动员应当有意识地承担起运动训练主体的责任。事物不断发展，外因只是事物变化的条件，内因才是变化的根本，运动员自觉训练才是田径运动训练可持续发展的根本。

（2）在高校田径运动训练中贯彻自觉性原则的另一个依据是运动员对所从事项目的热爱，对训练目的、训练任务和训练作用的主动认可和接受。也就是说，当运动员对自身未来发展有规划，对自身从事的田径项目产生强烈认同感时，就会产生从事田径训练和比赛的积极情绪。

二、高校田径训练的主要方法

要想取得理想的训练效果，必须采取科学合理的训练方法。无论是高校田径运动队的高水平田径运动员还是处于基础训练阶段的大学生，都可以选择性地运用以下训练手段或方法。

（一）重复训练法

重复训练法是指重复同一个练习且安排相对较充分间歇时间的训练方法。通过多次重复某一练习，一方面可以刺激训练强度，达到理想的负荷；另一方面可以巩固对单一动作的熟练程度。

采用重复训练法时，要求在高强度状态下完成训练任务，高质量、高标准地完成每次练习。一般来说，重复训练法具有间歇时间相对充足的特点，为了保证磷酸原供能系统的再合成，间歇时间一般为3～5分钟。如果在某一训练中，间歇时间过短，有可能发生供能系统转移的情况，不利于训练的顺利进行。

（二）间歇训练法

间歇训练法是指在训练过程中严格规定次与次、组与组之间的间歇时间，要求机体在不完全恢复状态下反复训练，有助于提高机体抗乳酸能力和持续运动的能力。

间歇训练法最显著的特点是严格限制间歇时间，使机体在不完全恢复状态下再次进入运动状态，使机体代谢产生明显变化。所以说间歇训练法在各种训练方法中总负荷相对较大。在高校田径运动训练中，一定要依据大学生的具体实际合理地安排运动负荷和间歇时间，确保机体的有效恢复，这有利于下一步的训练。

（三）循环训练法

循环训练法是指在训练过程中，练习者按照设置点位的形式，依据一定的路线、顺序逐个完成每站训练任务的一种训练方法。循环训练法在结构上包括每站练习的内容和负荷；站与站之间的顺序、间歇；组与组之间的间歇；站点总数以及循环组数。

循环训练法对整个训练结构要素有较为严格的要求，不仅规定了训练内容、强度、持续时间、间歇时间等，还要求按照给定的顺序依次完成训练任务。此外，循环训练中平均每个站点的负荷相对较小，但总的负荷非常大，对练习者的心肺功能有较高要求。

在高校田径运动训练中采用循环训练法，设置多个点位，如上肢力量练习、各种步法练习，通过安排一系列站点与内容，充分满足大学生运动员的训练需求，这对于提高训练效果具有重要意义和作用。

采用循环训练法可以激励大学生克服困难、挑战自我、超越自我。采用循环训练法还可以预防训练主体在训练中产生枯燥乏味的消极情绪，多样化的训练可以促使大学生更好地坚持下去，顺利完成训练任务。

（四）变换训练法

在运动训练中，促进运动员产生良好训练适应的一个重要因素是恰到好处的训练变化。当运动员进入新一轮训练，准备完成新的训练任务时，刚开始训练效果会很明显，运动水平会得到快速提升。但训练一段时间后，如果训练计划和负荷类型依然保持原状，那么运动水平提升的速度就会减慢。有时单调式的过度训练就是因为训练中缺乏变化而导致的。如果训练刺激长期不变，运动员训练热情就会慢慢减退，训练效果也不会很明显，运动成绩甚至会出现下滑的迹象。有研究指出，运动员训练效果不佳与单一重复的训练计划直接相关。

运动训练的单调性可以采取周期训练的方式来克服，周期训练也能够使运动员的生理适应得到本质上的增强。一直保持单一重复的训练计划和不断变化训练计划都是不可取的，周期训练是一种折中手段。周期训练中，训练变化必不可少，对训练负荷和训练内容的适度调整与改变能够使运动员在体能训练中达到最佳训练适应状态。如果一直采用一种训练计划，或训练变化不合时宜，那么很可能因为神经系统疲劳，无法正常接受刺激并产生预期的生理适应，从而导致运动员几乎不可能达到最佳运动能力。

训练变化的形式是多种多样的，如在小周期的训练中，训练变化主要是通过对训练量、训练强度、训练形式以及训练密度等因素的调整与改变而实现的。此外，也有研究指出，要引起训练变化，也可以将新的训练任务引入训练计划中，或者对特定练习方式进行周期性组合。这种训练变化方式能够促进运动员训练适应的增强，而如果在执行新的训练任务时发现运动员的训练适应并没有达到预期，也可以从训练计划中移除该任务，再用全新的、能够引起运动员训练兴趣和良好训练适应的练习方式来补充与替代。

要提高田径运动训练的质量和效果，需要在训练时对训练内容、训练形式以及训练负荷等进行变换调整，通过变换与调整训练形式，能够激发运动员的训练兴趣，促进良好训练效应的产生。通过变换与调整训练内容，能够促进运动员身体素质的全面发展和田径技能的提升。通过改变训练负荷，能够使机体适应不同负荷刺激，促进机体组织系统功能的改善。

为了提高变换训练法的适用性，可以根据需要而灵活改变训练因素，除了改变训练形式、训练内容和训练负荷外，还能改变训练时间，如果遇到训练时间与突然的训练任务发生时间冲突时，需要灵活调整训练时间。这一训练法适用于多数项目的训练，包括田径。

变换训练法对吸引大学生运动员积极参与田径运动训练具有重要的意义和作用。如果在运动训练中不断重复单一的训练内容，采用少数几种训练形式与方法，那么大学生就很容易厌烦和放弃，这对其发展不利，而如果可以对训练形式、训练内容、训练方法，或者训练器材、时间等进行适度变换与灵活调整，就能有效激发大学生参与训练的兴趣，从而提高训练水平和效果。

（五）游戏训练法

游戏训练法是以游戏方式进行训练的方法，有明确的游戏规则，练习者在规则范围内进行主动性和创造性的活动，从而完成游戏任务，达到预期目标。这一训练方法有较强的趣味性，能在一定程度上吸引大学生的注意力，激发其参与训练的兴趣。

游戏训练法是在游戏环境下实施的，游戏环境是不断发展和变化的，大学生在遵守游戏规则的同时需要在不同的环境下灵活应变，将自己的能动性和创造性充分发挥出来。田径运动训练中可以采用多种多样的游戏内容与形式，不同体能水平、运动水平的大学生都可以找到适合自己的游戏训练方法，针对不同的田径训练内容也能灵活设计游戏训练方式，可见游戏训练法的应用非常灵活。

在高校田径运动训练中设计与选择游戏，要参考训练任务、训练目的、训练对象的特点以及训练内容等诸多因素，要有针对性地设计与选用游戏，提高游戏训练的科学性。

在高校田径训练中应用游戏训练法，要合理设计能够吸引大学生和具有高度概括意义的游戏名称，要明确提出游戏规则与要求，而且游戏的实施方法要简便易行。

（六）竞赛训练法

竞赛训练法指的是通过各种竞赛方式（身体素质竞赛、游戏性竞赛、训练性竞赛、适应性竞赛、测验性竞赛等）组织训练的方法。该方法能有效提高大学生的田径技能水平和竞技能力。

在高校田径运动训练中运用竞赛训练法需注意以下两点。

（1）在恰当的时机组织竞赛，明确竞赛规则。

（2）在竞赛中结合大学生的具体实际安排适宜负荷。

（七）综合训练法

在高校田径运动训练中，根据训练目标、任务和需要，把上述各种训练方法组合起来设计训练方案并实施该方案的方法就是综合训练法。

综合训练方法能全面提高大学生的身体素质，增强大学生的田径运动技能和比赛能力，且不宜过早出现疲劳。需要注意的是，高校田径运动训练中并非采用的训练方法越多训练效果越好，而要根据训练任务、训练目的、训练内容、训练环境与条件及训练对象的自身条件而选择几种训练方法组合搭配，充分运用不同方法的优势来实现最佳田径训练效果。

三、高校田径运动训练方法创新

近些年，我国田径运动训练理论不断发展与完善，并有了一定的创新，这主要表现为一些新的田径运动训练方法不断出现，下面简要分析田径体能与技战术训练方法的一些创新理念和方式。

（一）体能训练方法创新

从体能角度而言，力量是田径运动的基础，速度是田径的灵魂。从训练操作视角而言，田径运动的关键在于负荷。所以说，对田径力量训练、速度训练的方法进行创新是提高田径运动水平的关键所在。

1. 力量训练

一些田径教练员对田径专项力量训练过程进行了阶段性的划分，提倡从五个阶段着手进行力量训练，可供高校大学生进行田径力量训练时参考（表4–1）。

表4–1 田径力量训练的五个阶段

训练阶段	训练目的	训练时间	注意事项
建设性力量训练阶段（物质准备阶段）	促进各肌群能力的全面提高，为专项训练奠定基础	2 ~ 4周	如果训练对象是青少年运动员，训练时间可适当延长
提高最大力量阶段	最大限度地发展运动员的最大力量	4 ~ 12周	不同项目所需的训练时间不同，以运动项目的特点和运动员的需要为依据来对训练时间进行调整
爆发力或专项力量耐力训练阶段	通过专门训练使最大力量为专项服务	8 ~ 16周	以运动员的需要为依据来对最大力量训练进行充分安排
保持阶段	促进最大力量、力量耐力、爆发力的协调发展	依据专项运动的要求而定	合理调整最大力量、力量耐力、爆发力这三者之间的比例，且应将专项的要求反映出来
力量发挥与调整阶段	调整状态，做好应战准备	重大比赛前1周左右	以运动员的状态为依据来灵活安排训练内容

2. 速度训练

孙海平教练员认为，田径运动中，跑的速度=技术＋力量，田径技术的重点在于快速前摆与快速下压趴地，而腰髋周围的肌群作为“发动机”是发挥力量的关键部位。在田径速度训练过程中，不在跑道上跑也是可以达到良好训练效果的，这就要看采取什么训练方法和手段了。田径运动员一般可采取如下几种训练方法来锻炼自己的速度能力，如起跑反应速度训练、起跑反应动作训练、绝对速度能力训练、加速冲刺训练。也就是说，要注意跑的各个阶段的训练，从而在整体上提高跑的速度。教练员在对训练频度、时间、次数、恢复训练内容等进行制订与安排时，要结合运动员的身体实际情况和运动基础能力，这样制订出来的训练方案才能发挥出应有的功效。

（二）技术训练方法创新

进行田径技术训练，主要是为了对错误的技术动作进行纠正，提高田径技术水平，掌握更全面的技术，巩固已掌握的技术，并能在比赛中熟练运用技术。

运动员对田径技术的正确掌握受很多因素的影响，如学习环境和条件，运动员自身的学习态度、知识储备、身体条件、身心素质、智力水平、感觉能力、控制能力等。而影响运动员正确掌握田径技术的身体条件因素中，最重要的是协调能力因素，具体包括神经协调能力、肌肉协调能力以及运动协调能力，所以在田径技术训练的过程中，必须将协调能力的培养与训练重视起来。另外，运动员专项技能的发展还离不开专项运动素质这个重要条件，因此在技术训练过程中应采取有利于促进有关专项身体素质提高的训练法，这样既能发展大学生田径运动员的专项体能，又能发展专项技能。

田径运动员在技术训练中如果可以适当地对练习环境、条件、练习量、练习速度、时间、节奏以及动作组合方式等因素进行调整，那么其在训练过程中就能够对时空感、用力感、速度感等多方面的运动感觉进行体会，这有利于对田径技术的正确掌握，同时有利于提高机体适应能力，这样运动员在各种变化的比赛场景中也就能够很快适应了。

（三）战术训练方法创新

很多人认为只有双方对抗性的运动项目才能谈得上战术，如篮球、足球等，而田径运动没有战术可言，这是错误的观点。运动员在比赛中对自己的体力、精力进行合理分配，对自己的能力科学驾驭，从而战胜对手、取得胜利的过程中所体现出来的综合能力就是所谓的田径战术。在田径运动比赛中，运动员往往会观察竞争对手的动作特点，然后在此基础上思考自己采用什么战术可以赢对方，因此在高校田径日常训练中战术训练也是非常重要的一项内容。在具体的战术训练中，运动员可采取意识训练和模拟训练来达到提高战术能力的目的。

1. 意识训练

意识训练是有效提高运动员田径战术能力的一项训练方法，在意识训练过程中，运动员要对田径专项竞赛的实质和规律进行了解，对优秀运动员的战术经验（分析战例）进行学习，树立本专项的战术意识，这种训练可以使运动员在比赛中的每一个动作都显得有价值。

田径比赛竞争较为激烈，运动员只有在平时注意加强意识训练，掌握战术方法，才能在比赛中保持清醒的战术头脑，才能根据比赛情况合理分配自己的体力，集中注意力发挥自己的技术水平，从而取得比赛的胜利。

2. 模拟训练

以比赛条件为依据而进行战术训练的方法就是所谓的模拟训练，这种训练有利于运动员在田径比赛中更有针对性地发挥自己的技术能力，采取更合适的战术对策。例如，运动员可以事先对竞争对手进行相关调查，了解其技术特征，然后对战术方案进行制订，并模拟对手对战术方案进行运用与实施，在实践中检验该方案是否可行。

第四节 高校田径训练的常见损伤与处理

一、擦伤

（一）概述

大学生在田径训练，尤其是跑类项目训练中若不小心摔倒则可能会擦伤皮肤。受伤部位有明显的擦伤痕迹，可能会出血和表层皮肤脱落。身体很多部位都可能擦伤，暴露在外的部位擦伤后的症状可能会更严重一些。

田径训练中发生擦伤的原因主要有：

（1）热身准备不充分。

（2）动作不规范，忽视必要的保护。

（3）场地不平坦，器材破损。

（二）处理与预防

1. 处理

（1）如果症状较轻，则先清洗擦伤部位，然后进行消毒处理，不需要包扎伤区。

（2）如果症状比较严重，伴随感染，而且伤口处有异物（沙子等），应送往医院由专业人员进行紧急处理。必要时需打破伤风抗毒素。

（3）如果擦伤部位恰好是面部，要特别预防感染，要第一时间进行处理，以免留疤。不要将创可贴贴在伤口处，否则会导致发炎。

2. 预防

（1）检查运动场地、运动装备是否安全。

（2）做好热身活动。

（3）提高大学生的安全意识和自我保护能力。

二、扭伤

（一）概述

田径训练中扭伤也是常见的运动损伤之一，多发生在腰部、手腕部、脚踝部等部位或活动较多的关节处。主要症状为扭伤部位皮肤红肿，局部疼痛、肿胀，关节无法自由活动。

高校田径运动训练中大学生发生扭伤的主要原因有：

（1）未做充分的准备活动。

（2）注意力分散，运动剧烈。

（3）体质差，技术不规范。

（二）处理与预防

1. 处理

（1）颈部、腰部扭伤后，平躺在地上，教练员仔细观察症状，交由医务人员处理。

（2）关节部位扭伤后，受伤部位抬高，用冷水冲或浸泡，再加压包扎，以免受伤部位肿胀。

（3）伤后1～2天内进行热敷处理，配合适当的医学按摩。

2. 预防

（1）重视准备活动，加强易伤部位的体能锻炼，尤其是肌肉力量锻炼和关节柔韧锻炼。

（2）加强训练中的安全监管。

（3）引导大学生形成正确的动力定型，逐步提升基础运动技能水平，以免因技术动作错误或失误而造成运动损伤。

三、肌肉拉伤

（一）概述

拉伤是指肌肉在外力的作用下过度主动收缩或被动拉长致伤。当出现肌肉拉伤后，受伤部位会出现压痛、肿胀、肌肉痉挛等症状。如果是轻度拉伤，症状主要表现为局部疼痛、肿胀、瘀血，用力时疼痛加剧，如果是中度拉伤，那么上述症状程度更重。

在田径训练过程中，造成肌肉拉伤的原因有很多种，如：

（1）缺乏充分的准备活动。

（2）动作不协调或用力过猛。

（3）运动过量。

（4）场地太硬等。

（二）处理与预防

1. 处理

如果是轻度拉伤，视伤情降低运动强度，适度按摩、静态拉伸。若是中度拉伤，则要停止练习，冷敷、包扎拉伤部位，将伤肢抬高，以免肿胀。1～2天后外贴消肿胀膏药，热敷或适当按摩。

2. 预防

（1）循序渐进地运动，不能用力过猛，在准备阶段多进行肌肉力量练习和关节拉伸练习。

（2）合理安排运动负荷。

四、晕厥

（一）概述

晕厥多发生在室外训练中，炎热的夏季在操场上进行田径运动训练很容易发生晕厥。晕厥其实是有征兆的，晕厥前的身体征兆表现为脸色苍白，头晕恶心，身体乏力；晕厥后，丧失意识，手脚出汗，脉搏减慢。昏厥持续时间较短。

如果大学生在饥饿状态下训练，那么也容易因低血糖而造成晕厥。也有一些大学生在快速跑完较长距离后没有经过慢跑和走路的过渡就立刻停下来，从而因脑供血不足而晕倒。

（二）处理与预防

1. 处理

（1）患者保持平躺姿势，围观者分散开，为患者营造空气流通和安静的环境。

（2）将患者下肢抬高，衣领解开，腰带放松，必要时点指人中等穴位。

（3）患者清醒后，摄入糖水、巧克力等食物，以补充能量。

（4）症状缓解后以休息为主。

2. 预防

（1）切忌在空腹状态下训练。

（2）练习时轻缓改变体位，不要剧烈变化体位。

（3）长距离跑练习后不要立刻休息，先慢跑一段或走一会，深呼吸，逐渐恢复正常心率。

第五章　高校田径训练的有效管理

田径运动训练是一个动态变化的复杂系统，受到诸多内外因素的影响，要有计划、有步骤地组织高校田径训练活动。要想取得理想的训练效果，实现预期的训练目标，就必须加强对田径训练的科学管理。管理既要科学，又要严谨，要贯穿训练的全过程，从而为提升大学生的田径技能水平和运动成绩提供良好的保障。本章主要对高校田径训练的有效管理进行研究，主要内容包括运动训练管理概论、高校田径训练管理系统构建、田径训练管理内容与方法、田径运动队组织管理、田径运动员训练管理与指导以及田径运动训练管理创新。

第一节 运动训练管理概论

一、运动训练管理的含义

运动训练是由教练员、管理者、科研人员等构成的运动训练实施者对运动员进行生理学、心理学和社会学系统改造的过程。运动训练管理则是对这种改造过程的管理，是指管理者为实现运动训练目标，遵循运动训练客观规律，对运动训练系统进行计划、组织、控制以及协调的综合活动过程。①

从运动训练管理的概念来看，其具有以下含义。

第一，运动训练目标是运动训练管理的出发点，同时也是管理的归宿。

第二，运动训练管理者必须遵循运动训练的基本规律来开展管理工作。

第三，运动训练管理是一项综合活动过程，包含对训练过程的计划、组织、控制以及监督等活动。

二、运动训练管理的原理

（一）系统原理

系统原理是运动训练管理的基础原理之一，将系统理论运用到运动训练管理中，要求将运动训练管理作为一个整体的系统看待，对系统的基本运行规律要从整体上把握，系统分析和优化各方面的管理问题，并以管理目标和动态变化的管理环境等为依据对系统的运行及时调整和控制，最终促进管理

---

① 明君，郑丽，范锐.运动训练管理学[M].哈尔滨：哈尔滨地图出版社，2008.

目标的顺利实现。

基于系统原理的运动训练管理是将管理组织作为开放性的社会系统而开展管理工作，管理组织不仅具有一般的系统特征，还具有目的性、集合性和适应性。

1. 目的性

管理组织的目的性是具有代表性的一项特征，管理组织不可能脱离目的性而形成，无论哪种类型的管理组织，其目的都是鲜明而独特的，这是管理组织存在的重要前提。

2. 集合性

任何一个组织的构成都至少包含两个人，社会系统的形成是建立在人际关系和群体关系基础上的。所以，运动训练管理组织系统是一个由诸多因素及各因素内在关系而组成的集合。

3. 适应性

运动训练管理组织要主动适应生存环境，随环境变化灵活调整结构，如果与环境格格不入，无法适应环境，将会走向消亡。管理组织不仅要主动适应环境，还要能主动地对环境进行改造，但改造环境必须建立在适应环境的基础之上。

（二）人本原理

人本原理是运动训练管理的重要原理，是从管理角度认识与探讨人的本质属性的科学理论。人本原理的形成与发展经历了漫长的过程，是在深入探索人性理论的过程中产生的。人本原理促进了管理学内容的丰富，给整个管理理论的发展带来了生机与活力。

人本原理指出，在管理系统中，居于核心地位的是人，与人相关的因素是管理系统的首要因素，发挥着重要作用。管理者在开展管理工作时，要对人际关系的处理、维持给予高度重视，将人的能动性和创造性充分调动起来，将管理的根本落在“做好人的工作”上，使管理对象明确管理目标、明确自身职责与价值，自觉配合管理。

（三）动态原理

动态原理也是运动训练管理的一个重要原理，其含义主要体现在以下两个方面：

第一，管理系统内部的结构、功能是相对稳定的，因此系统的运行也是稳定有序的，但系统内各要素和系统运行的条件有时会发生变化，这时系统也要适时调整。

第二，管理本身是一个独立的系统，但它也是更大管理系统的一个子系统，母系统的变化必然引起管理系统的变化。

从动态原理的含义来看，将动态原理运用到运动训练管理过程中，必须对系统内与系统外的影响因素与制约条件予以考虑。

动态原理的含义也反映了动态原理的有序性和适应性特征。

1. 有序性

有序性是指管理组织按照一定的科学规律有序、稳健地运行，而非杂乱无序地运行。系统内各要素按自身发展规律有条不紊地运动，进而使系统有序运动，这个动态循环状态是环环相扣、有始有终的。

随着系统内部环境与条件的变化，系统主动进行相应调整，这时系统的原有运行规律发生变化，这个变化是有计划、有程序的，变化是为了更好地适应环境。

2. 适应性

动态原理具有适应性特征，管理组织本身是一个随环境变化而变化的动态系统。系统内环境与外环境对管理组织有不同程度的影响，对内外环境的变化进行分析，使系统快速适应不断变化的环境，满足内外环境的变化要求，提升动态管理效率。

正因为动态原理具有适应性特征，将动态原理运用到运动训练管理中才能解决管理系统运作中遇到的难题，促进管理系统有条不紊地运作，促进系统适应能力和应变能力的增强。

第二节　高校田径运动训练管理系统的构建

高校田径运动训练管理系统由管理者、管理对象、管理环境以及信息四个要素组成，本节具体从这四个要素着手分析高校田径运动训练管理系统的构建。

一、管理者

在高校田径运动训练管理系统中，管理者居于举足轻重的地位，他是管理系统的代表者和管理系统运行能力的体现者。管理者作为管理系统运行的主导者与指挥者，以决策为核心职能，计划、组织、监督、控制等是管理者在开展管理工作时的具体职能活动，而这些都体现在决策中。作为高校田径运动训练的管理者，必须全面了解和正确把握田径运动训练及管理的基本规律，具备良好的决策能力和管理能力。

二、管理对象

田径运动训练管理系统以“人”为主要管理对象，主要包括教练员、运动员及其他相关人员。物质生产领域的主要任务是改造原料，这是对物的改造，而运动训练则不同，它是对人的改造。从根本上来看，运动训练过程就是系统改造运动员各方面能力的过程，因此高校田径运动训练管理系统将人作为最基本、最主要的管理对象。

在高校田径运动训练管理中，对教练员、运动员思想和行为的管理必须引起高度重视，同时要对管理对象与管理环境的相互作用进行分析，准确把

②午饭后有适宜的午休时间。

5. 加强对运动员的思想教育

加强对运动员的思想教育工作是田径运动员管理中一项十分重要的任务。加强运动员思想教育应主要引导运动员树立正确的世界观和人生观，通过说服教育解决运动员思想问题，并运用激励措施激发运动员的创造性。

（二）设施管理

对田径运动训练场地、器材、设备等基础设施进行管理，是为了提高有限设施的利用率。为了使设施满足训练需求，需进行如下管理。

（1）采用制度手段对场地设施的建设与利用进行严格管理。

（2）采用经济手段改善田径训练基础设施条件，为田径运动训练的开展提供基础保障。

（3）依照岗位责任制对训练场地设施进行管理，落实责任到人。

（三）经费管理

田径运动训练工作的开展以充足的经费投入为基础保障，为解决田径运动训练经费不足的问题，高校体育部门应拓宽筹资渠道，吸引社会投资，合理分配体育经费，具体从以下几方面着手管理。

（1）建立健全财务制度，按需拨款。

（2）有选择地投入经费，分清主次，先解决主要矛盾与问题，使每一笔经费都能发挥最大作用。

（3）严格管理，开源节流。

（四）信息管理

关于田径运动训练信息的管理是从田径运动训练的需要出发，将国内外与田径运动训练有关的热点信息和其他有价值的信息予以收集，然后分类整理，有序存储，客观分析，再向使用者有效传递这些信息，便于高校田径教练员、运动员、科研人员等相关主体开展工作。

高校田径运动训练管理内容丰富多样，除了上述内容外，还要加强训练目标管理、训练过程管理、训练质量管理等。

二、高校田径运动训练管理的常见方法

常见的运动训练管理方法主要有法律管理法、行政管理法、经济管理法以及宣传教育管理法等，这些管理方法适用于不同运动项目的训练管理中。在高校田径运动训练管理中要根据实际情况和管理需要有选择地运用这些管理方法，提高管理的科学性与实际效果。

（一）法律管理法

法律管理法是指运用体育相关法律、条例等对运动训练中的各种管理进行调节，以保障运动训练正常进行的管理方法。从本质上来看，法律管理法就是运用上层建筑的力量对训练活动施加作用的管理方法。颁布符合客观规律与要求的各项法律法规，将其运用到高校田径运动训练管理中，能够促进田径运动训练的顺利开展。采用法律管理法时，要强调法律的强制性、严谨性，从而加大管理力度，提高管理效果。

法律管理法有自身的弊端，如缺少弹性和灵活性，从而容易导致田径运动训练管理的僵化和死板，对管理对象主动性和创造性的发挥造成了限制。为弥补这一不足，应将法律管理法与其他比较灵活的管理方法结合起来共同运用于高校田径运动训练的管理中。

综合使用法律方法和其他管理方法的原因还包括，法律管理法并不能将田径运动训练中的所有问题都解决好，训练中的经济关系、人际关系、社会关系等有时不适合运用法律方法去调整，而需要采用其他管理方法，综合使用各种管理方法才能提高管理效果。

（二）行政管理法

行政管理法是按照行政系统的规范，采用行政手段，发挥行政组织的权威性而实施管理的一种方法。在高校田径运动训练管理中采用行政管理法时，要对行政组织中的职位、职务、职权、职责给予充分的重视。行政管理方法中常见的行政手段有命令、规定、指示、决议等，行政管理的实施程序一般是上级发布命令，下级执行命令，上级督查命令执行情况，处理执行命令中遇到的问题，这几个步骤是环环相扣的。

行政管理法有自身的局限性，必须正确运用这项管理方法，将其作用充分发挥出来，才能克服其局限性带来的不良影响。

在高校田径运动训练管理中采用行政管理法时要注意以下几点。

首先，管理者要清楚，服务才是行政管理的本质和根本管理目的，不以服务为目的的行政管理必然会引起一些不当现象或行为，如不遵守规章制度和道德规范，个人利己主义倾向等。但如果在管理中忽视了行政方法的重要性，也难以贯彻服务宗旨，实现服务的目的。

其次，管理者的素质决定了行政管理的效果，采用行政管理法进行运动训练管理，要求管理者具备很高的综合素质，尤其是具有很强的管理能力，要求管理者具备以理服人、以德服人的智慧和能力。

再次，运用行政管理法时，管理者要统筹全局，提出统一性要求，并建立灵敏有效的信息系统，及时获取有效信息，根据综合分析判断而做出决策。上级管理者既要向下级管理者传达行政命令，又要发送各种预测和反馈信息，为管理工作的开展提供参考。

最后，行政管理法强调职位和职权，所以约束力较强，执行起来比较顺利，容易得到下级执行者的配合。但正因如此，下级执行者的利益要求也常常被忽视，这不利于对下级工作积极性的调动，容易导致下级在执行管理工作时缺乏动力，从而影响管理效率和最终效果。鉴于此，在高校田径运动训练管理中也要将行政管理法与其他管理方法结合起来使用，取长补短，共同发挥作用，提升管理水平。

（三）经济管理法

经济管理法是指依据市场经济规律，采用经济手段对不同经济主体之间的利益关系进行调节，从而达到理想管理效果的方法。经济手段有宏观和微观两种类型，前者包括税收、价格、信贷等，后者包括工资、经济合同、奖金等。各种经济手段都有自己的重要作用和使命，在不同领域发挥举足轻重的价值。

在市场经济条件下，运动训练发展水平不断提升，经济管理法作为一种基本管理方法，在运动训练管理领域的重要意义越来越突出，也越来越受运动训练管理者的重视。经济管理法和其他管理方法一样，有自己独特的功能、适用范围和使用场景，所以要具体结合高校田径运动训练的实际情况来合理使用经济管理法。

在高校田径运动训练管理中使用经济管理法时，为了防止管理失效，要先确定是否存在经济利益关系，相关经济主体是否有对物质利益的追求，只有先肯定了这两点，才能运用经济管理法，而且使用过程中也要注意各种经济手段的使用限度。例如，利用奖金这一经济手段可以刺激运动员训练的积极性，但设置奖金要有限度，超出限度，奖金不仅起不到激励作用，还可能引起内部矛盾。

需要注意的是，经济管理法不适合用于对运动员的思想政治教育和职业道德教育中，否则容易使运动员产生利己主义倾向，从而误导运动员的思想价值观。

经济管理法同样有自身的局限性，在实际运用中需要与其他管理方法结合使用，一般来说，经济管理法与下列不同管理方法的结合运用能够起到不同的效果。

第一，将经济管理法与法律管理法结合起来使用，能够促进经济管理法规范性的强化与法律效力的提升。

第二，将经济管理法与行政管理法结合起来使用，能够促进经济管理手段权威性的增强。

第三，将经济管理法与宣传教育法结合起来使用，能够更好地把握运用时机，从而发挥经济管理法的效力。

（四）宣传教育管理法

运动训练管理的宣传教育法是指通过各种形式的宣传教育途径或方法来达到管理目的的方法。宣传教育法具有引导性、说理性、灵活性、多样性和表率性等特征，在高校田径运动训练管理中采用这一管理方法，能够启发管理者和被管理者的积极自觉性，从而使管理者与被管理者都自觉遵守管理制度，按规章制度开展或配合管理工作，这也有利于发挥管理的教育作用。

第四节　高校田径运动队的组织管理

一、高校田径运动队的组建

（一）选材

高校田径运动队的建设从选材开始，要科学选材，为后期训练与人才培养打好基础。

1. 初选

初选应该从下面两个方面进行。

（1）身体素质

身体素质主要测试学生的力量、速度、耐力、柔韧性和灵敏性等。不同田径项目的体能要求不同，根据具体项目要求有侧重地进行测试。运动员的身体素质对训练和比赛有很大的影响。身体素质好的学生更容易完成一些高难度动作，也能更好地坚持训练。因此除了要根据专项要求选择某方面运动素质强的学生，还要考虑大学生的综合身体素质情况。

（2）心理素质

运动员具备良好的心理素质才能在训练和比赛中稳定发挥，合理运用技术。因此在选材环节也要考查大学生的心理素质。

2. 试训筛选

合理安排试训期，重点观察初选学生，观察内容主要放在训练态度是否积极向上、能否正确理解教练员的意图等方面。只有筛选合格的队员才能正式录用，接着进行系统训练，对筛选不合格的队员要做好思想工作。

（二）选拔教练员

教练员是一个队伍的指挥官，是队伍出成绩的关键。高水平的教练员可以保证田径队的训练质量和运动成绩。合格的教练员应能够熟练掌握运动训练学、运动生物学等相关学科知识；能在训练中根据观察和分析总结运动员的特点、优势和不足，并能从实际出发制订训练计划。优秀的教练员还应该具备较强的组织管理能力、较好的科研创新素质。

（三）选拔队长，制定规章制度

高校田径运动队组建完成后，接下来要选拔队长，优秀的队长应该和队员一起努力，带领大家一起训练、一起进步，还要在生活和学习上帮助、督促队员。队长往往由教练员选拔，教练员要公平公正地选拔队长，要注重被选者的综合素质。选出队长后，教练组应制定规章制度来管理运动队和约束队员，使队员听从指挥，积极完成训练任务。

（四）组织训练

高校田径运动队的主要任务是训练和比赛，训练是比赛的前提，因此要高度重视运动队的系统训练。在训练中，首先要制订科学、合理、可行的训练计划，确保训练有条不紊地进行。大学生的身体素质和基础运动能力等是教练员制订训练计划的重要依据，教练员要从实际出发提出训练目标，制订训练计划，通过有序实施训练计划而顺利完成田径训练任务和达成训练目标。

学训矛盾是高校田径运动队训练中存在的主要矛盾之一，为缓解这一矛盾，尽可能将训练时间安排在早餐、课间操和其他课外活动期间，尽可能不影响大学生的文化学习，并与学校的其他相关活动时间错开，根据实际情况灵活调整训练计划与时间。

在高校田径运动队训练中，既要注重体能素质训练，又要狠抓基本技术训练。此外，大学生的运动心理训练和智能训练也是不可缺少的，要与其他训练结合起来进行。

二、高校田径运动队的全方位管理

高校田径运动队管理必须从多要素、多层次、多角度进行考虑，注重管理的科学性、系统性和全面性。具体而言，高校田径运动队的全方位管理应主要从以下几方面展开。

（一）选材管理

在高校田径运动员选材环节，要严格遵循有关招生规章制度对运动员进行招收，按照严格的标准选拔天赋好、运动基础好的运动员入队。高校田径运动员选材应与中小学田径后备人才选材联系起来，形成一条龙体系，保障田径运动员人才培养的系统性。

（二）训练与竞赛管理

在田径运动队训练计划或竞赛计划的制订中，要遵循科学性原则，对运动负荷的安排必须科学合理，防止运动员出现过度疲劳症状或造成运动损伤。在对训练与比赛计划的制订上，要求教练员有良好的预测和决策能力，能够准确预测和科学决策的教练员制订的训练计划更有操作性，能够使运动员经过努力训练后达成预期的训练目标。教练员还应该根据竞赛安排来制订训练计划，如根据大学生运动会，或各种友谊赛、锦标赛等有计划地安排训练，这样运动队的训练效果也能通过比赛结果得到检验，并在实战中发现运动队的不足，以便在之后训练阶段中有针对性地加以改进。

（三）文化学习管理

高校应不断健全运动员文化学习管理体制，针对运动员的双重角色制订相应的文化学习计划，解决学训矛盾，防止为了训练和比赛而一味占用运动员的文化学习时间。田径队的文化素养和运动素养都很重要，因此必须两手抓，两手都要硬。

（四）思想品德管理

高校的根本任务是育人，培养优秀的人才。因此在高校田径运动队管理中不能忽视对运动员的思想品德管理，甚至在必要时要将思想品德教育作为运动队管理的首要任务。面向田径运动队的思想品德教育应融入文化教育、训练和比赛中。

（五）生活管理

要根据各高校的不同特点以及大学生的不同的训练要求，制订出切实可行的作息时间，使高校田径运动队的生活制度化、规律化。教师要主动关心运动员的生活，并与高校的后勤总务部门配合，解决实际问题。

（六）医务监督管理

田径运动队在训练中，若训练强度不合理，或训练内容与方法不当，容易发生运动伤病。有时运动伤病的发生也与运动员自身或运动环境有关，总之，有很多因素都可能影响运动安全，因而必须加强医务监督管理，合理安排运动量和训练强度，及时处理运动损伤，干预运动疲劳，加强运动营养，保障田径训练过程的顺利实施和运动员的健康与安全。

（七）档案管理

在高校田径队管理中还要做好档案管理工作，为运动员建立个人档案，将运动员的思想道德情况、文化学习情况、训练情况、竞赛情况等基本信息载入档案系统，为有关部门或管理人员提供参考信息，以便更好地制订与调整全面管理计划，提升综合管理效果。

第五节　高校田径运动员训练管理与指导

一、高校田径运动员训练过程的控制与管理

（一）训练过程的控制

田径运动员训练过程的控制就是通过采用科学的方法策略，推动田径训练过程的有序运行，顺利达到预期的训练目标。训练目标能否实现，一定程度上取决于对训练过程的控制效果。所以，在高校田径运动训练过程管理中，教练员和运动员作为控制者必须科学规划、认真落实以及灵活调整运动训练过程，不断优化训练过程，提升训练成绩。

1. 控制举措

运动员训练过程的控制包含下列三个环节。

（1）对训练过程的科学规划

第一，对运动员的现实状态做出客观诊断和评价，为制订专门性的田径

训练计划提供依据。

第二，对运动员的现实状态、训练潜力进行科学分析和准确判断，设计合理训练目标。

第三，对训练阶段及各阶段的训练任务、内容与方法等进行科学规划，保障各阶段训练效果的延续性。

第四，对运动员训练效果评估指标与方法进行设计。

（2）对训练过程的认真实施

训练目标的达成离不开教练员和运动员对训练过程的认真实施，所以必须认真做好每个阶段、每个时期、每节课的训练组织工作。教练员要依据田径运动训练的基本规律、科学理论和先进方法开展与指导训练工作，加强对运动员的思想教育工作，提出严格要求，认真检查督促运动员的训练过程，促进运动员运动成绩的提升。

（3）对训练过程的及时调整

对训练过程的调整是运动训练管理系统的组成部分之一，是有效控制与优化训练过程的有效途径。在这一环节要做好对决策的调整，然后及时传递新的指令，不断优化训练。

2. 信息存储与运用

田径运动训练过程中不断有大量的各种各样的信息产生，有些信息能够将运动员的现实状态反映出来，参考这些信息能够对训练过程进行有效组织与控制。所以，在训练过程控制中储存这些有价值的信息是非常必要的。在基础训练阶段，存储训练信息主要采用档案袋存储方式，档案的内容与训练诊断的内容要充分对应，通过存储信息而对运动员的训练过程、训练结果、竞技能力以及运动成绩等基本情况进行完整记录。记录存档则主要采取直观简便的表格形式。

对运动员的训练信息进行存储时，要正确使用档案存储法，具体要求如下。

第一，测试信息必须准确、可靠、真实、有效。

第二，对负荷数据的标准要统一规范，以便更好地对比数据。

第三，档案的保存可以采用活页的形式，为分类存储和查阅提供便利。

第四，将训练档案的信息充分利用到训练过程的相应环节中，如设计环

二、高校田径运动员竞技能力训练管理与指导

（一）体能训练管理与指导

1. 合理制订训练计划

在体能训练中，提前制订训练计划，能够为训练工作的开展和训练目标的实现提供方向指引和理论支持，能够使训练过程更顺利，因此在高校田径运动训练中教练员必须加强这方面的管理，合理安排并实施田径体能训练计划。在计划制订中，要以运动员体能现状诊断结果和体能训练目标为依据，确保按照计划进行训练，能够改善运动员的体能现状。

教练员可以按照时间跨度制订体能训练计划，如多年体能训练计划、年度体能训练计划等；也可以结合其他竞技能力要素制订训练计划。田径体能训练计划中应包含以下内容。

（1）诊断运动员初始体能状态。

（2）明确体能训练目标。

（3）划分体能训练阶段，明确各阶段的任务。

（4）做出体能训练负荷调整的规划。

（5）安排体能训练方法和手段。

（6）设计体能训练效果评价标准及方式等。

2. 重视运动处方的制订

在田径体能训练中，制订运动处方至关重要，良好的运动处方能有效改善运动员的身体状态，提高运动员的身体素质和综合运动能力，同时还能保障体能训练的安全性，防止运动员受伤。鉴于此，高校田径教练员在体能训练管理中必须重视对运动处方的制订与实施，制订运动处方包括健康调查与评价、运动试验、体质测试及制订处方等环节，其中制订处方是核心环节，运动处方应包括训练内容、训练时间、训练强度、训练密度、注意事项等内容。在处方制订中，需注意以下几点。

（1）做好身体检查和准备活动。

（2）科学确定处方的运动负荷。

（3）督促运动员执行规定的要求。

（4）指导运动员定期复查身体和测定体力等。

（5）定期进行体能训练效果测评。

3. 消除疲劳，促进恢复

大学生田径运动员在体能训练中容易出现运动疲劳，对此，教练员必须加强安全管理，避免运动员因过度疲劳而影响身体健康。消除运动疲劳的方法主要有整理活动、按摩、理疗、温水浴、睡眠、补充营养等，根据疲劳程度及症状合理选用或综合运用这些方法，快速有效地消除疲劳，使运动员恢复正常体力，为学习与训练打好基础。

（二）心理训练管理与指导

运动心理与运动素质、运动技术等竞技能力因素密不可分，它们之间相互影响，训练效果相互制约，因此在高校田径运动训练中，除了要进行专门的心理训练外，还应与其他竞技能力的训练有机结合进行综合训练。

1. 与体能训练相结合

现代田径比赛的竞争越来越激烈，运动员保持良好的心理素质有助于其在竞争激烈的比赛中发挥良好技能水平。因此有必要对大学生田径运动员的良好心理品质与素质进行培养，而体能训练是一种非常有效的心理素质培养方法，在体能训练中能够锻炼与增强运动员的意志品质。

2. 与技术训练相结合

技术训练是田径运动训练的主要内容，在田径系统训练的各个阶段都不能忽视技术训练。运动员在技术训练中也能培养思维能力和创造力，促进心理素质水平的提高。因此可将田径运动技术训练与心理训练结合起来培养大学生运动员的心理素质。

（三）智能训练管理与指导

1. 培养运动员的质疑精神与思考能力

长期以来，学界对运动训练的研究从未停止，一直寻求运动训练的真谛，而且这个探究过程是永无止境的，运动训练还有很多的奥秘需要继续探索。因此在运动智能训练中培养运动员的探究意识与思维能力非常重要，进行这方面的训练时可采用生疑提问法，具体实施过程中需要将团队的智力资源充分利用起来。

目前，田径运动训练中还有许多问题尚待解决，运动员积极询问和探索有利于找到解决问题的有效方法。面对运动员的询问或质疑，如果教练员无法回答，可向科研人员寻求帮助，共同探讨，而不要打击运动员的好奇心和积极性，否则不利于培养运动员的思维能力。总之，教练员要对运动员主动质疑的态度和积极思考的精神大力提倡，并积极帮助与引导。

2. 开发训练软件

为了进一步提高大学生田径运动员的智力水平，可以在智力训练中适当借助一些训练软件，尤其是具有智力游戏特征、互动性的新软件。在训练软件开发方面，国外已有成功的案例，如德国、英国发明了许多逼真的足球战术训练软件运用于足球战术训练中；美国发明了篮球战术训练软件来支持篮球战术训练。这些软件的运用促进了运动员思维能力、运动智力的提高。我国也应主动借鉴国外发明训练软件的经验，针对高校田径运动员的训练现状研发训练软件，进一步提高高校田径运动员的运动智能水平和综合竞技能力，促进高校田径运动的发展。

（四）技术训练管理与指导

1. 合理安排训练负荷

训练负荷是由训练量和训练强度决定的。有关研究指出，在运动训练中，要循序渐进增加训练次数，只要不造成过度训练，就可以持续不断地增加练习次数。运动员的训练频率越高，训练适应效果越大。每次训练课上适当增加训练次数，能够促进运动员生理适应能力的提升。但训练量的增加不是盲目的，而要综合考虑多方面的因素，包括运动专项、训练阶段特征、训练目标、运动员需求等。

训练强度对训练负荷也有重要影响，但训练强度不能像训练量那样一直持续不断地增加，长期进行高强度训练，不利于产生稳定的生理适应。而如果运动员不具备稳定的生理适应性，就容易出现过度训练症状，并造成运动成绩的起伏波动。而如果进行适宜强度的训练，就能使运动员的生理适应过程更加稳定。要达到最佳生理适应水平，就要对训练量和训练强度做出系统改变与科学调整。

训练量和训练强度是运动负荷的两个重要方面，平衡训练量与训练强度的关系有利于保障运动负荷的科学性与合理性，这是田径技术训练过程中必须贯彻和遵守的一项基本原则。

不同训练阶段的训练量、训练强度各有侧重，存在差异，二者的关系也因此而发生变化，这个变化具体从训练时间、训练内容、训练方式等多个方面的调整与变化中体现出来。在以技术训练为主的训练阶段，为了提高运动员的技术能力，取得优异的运动成绩，要将训练强度逐渐增加，同时训练负荷量要适当减少。

在田径技术训练过程中确定最佳训练负荷是一项复杂的工作，要考虑训练项目特征、训练阶段、运动员发展水平等诸多因素，因此对训练量和训练强度进行量化评价是比较可取的方法。

2. 加强技术训练创新

创新是事物发展的不竭动力，田径技术的发展、田径技术训练的发展以及运动员技术水平的提高都离不开创新，因此在田径运动员技术能力训练中，必须加强技术创新和训练方法创新，促进运动员田径核心技能的发展。

第六节 高校田径运动训练管理创新

一、应用先进技术，设计基于云计算的管理系统设计

随着科学技术的不断发展，其与运动训练的渗透度越来越高，将计算机

与信息技术引入运动训练，实现训练信息化发展是竞技体育发展的必然趋势。运动训练管理系统涵盖体育学、运动训练学、计算机科学、信息技术学与统计学等相关学科，在现代科技的支持下，深度设计与开发现代化高校田径运动训练管理系统，不仅能够提升高校田径运动训练水平，还有利于调动运动员、教练员与相关管理者训练与工作的积极性，提升田径训练的质量。为了最大限度地保障田径训练数据的资源共享，可以将云计算技术运用于高校田径运动训练管理系统的设计中，为提高管理效率提供数据支持。

在高校田径运动训练管理中，须采集大量关于运动员体能、运动状态、训练内容、训练强度以及运动量等相关数据，教练员基于大量的数据进行下一步规划与分析，同时依照相关分析结果控制整个田径训练过程。由于这些数据数量大，而且复杂，因此建议基于云计算对这些数据进行聚类分析，以提升分析效率。

基于云计算设计高校田径训练管理系统的整体架构，系统内不同功能以数据信息的形式存在于计算机内。基于云计算的高校田径训练管理系统是一个有规模的体系结构，采用 B/S三层架构进行设计，如图5-1所示，由下向上分别为硬件基础设施层、功能层和云服务应用层。该系统具有训练管理自动化功能、训练计划制订功能、运动员训练信息日常管理功能以及训练器材管理功能等多方面的功能。

（一）硬件基础设施层

硬件设施层以云硬件为基础，包括资源服务器群、数据服务器群以及其他服务器群，在服务器上构建对应的资源数据库，为功能层各项功能的实现提供基础保障。

（二）功能层

功能层以硬件设施层为基础，可分为下列4个具体的模块。

1. 人员管理模块

人员管理模块主要用于构建运动员档案信息与训练信息，便于实时查询、修改与统计分析等操作。

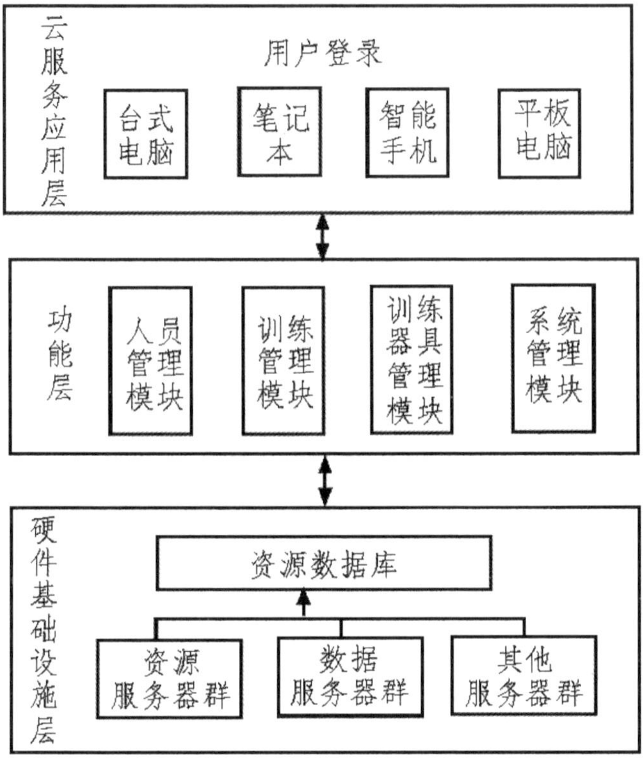

图5-1　基于云计算的高校田径运动训练管理系统①

2. 训练管理模块

训练管理模块中包含训练的人员、内容、场地、规则以及时间等详细的训练信息，基于训练管理信息进行数据分析，判断训练结果，保存详细训练结果便于后续统计与查询。

训练管理模块是基于云计算的高校田径训练管理系统设计的核心，需从训练结果分析流程着手进行详细设计。训练结果分析流程大致分为图5-2所示的A、B、C三个层次。

---

① 樊云.基于云计算的运动训练管理系统设计[J].电子设计工程，2022，30（8）：128-132.

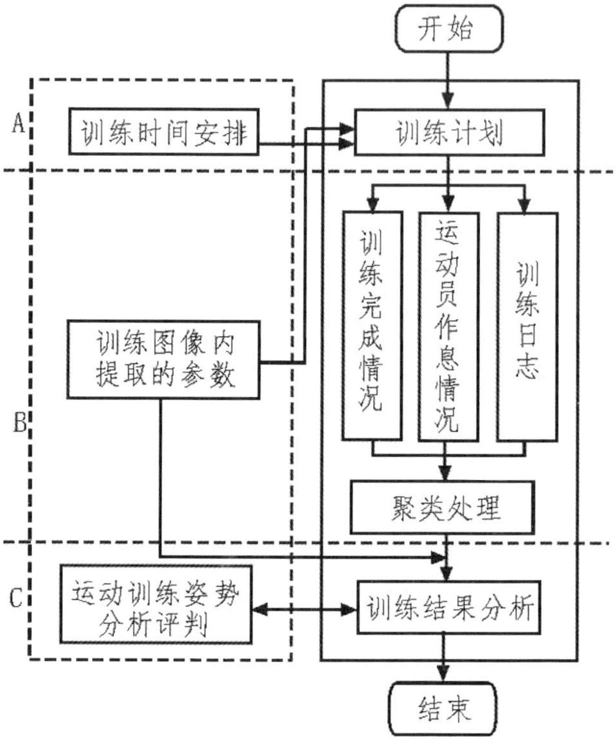

图5-2 训练结果分析流程①

图5-2中，A层为训练计划层，B层为训练结果层，C层为分析结果层。实线框内为内部信息，虚线框内为外部信息。

A层：训练计划层中主要包含运动员训练计划与作息时间安排等信息，可根据比赛时间安排与教练员经验来制订训练计划。

B层：训练结果层中包括训练过程中提取的训练计划执行情况、各种辅助训练情况、动作完成情况等不同参数。

C层：分析结果层是从训练结果中提取相关参数，利用数学方法对不同参数进行初步分析，确定参数间的相关性。同时基于初步分析结果对不同参数实施进一步分析，以此研究科学的训练方法，提升运动员的训练效率和专

---

① 樊云.基于云计算的运动训练管理系统设计[J].电子设计工程，2022，30（8）：128-132.

项水平。

3. 训练器具管理模块

训练器具管理模块主要负责训练器具的借用时间、借用人员以及使用规范等信息的查询、统计与管理。

4. 系统管理模块

系统管理模块的主要功能是管理系统使用者的相关数据，使用者使用正确的账号与密码登录系统，根据账号的相应权限应用系统功能。系统管理员要不断完善数据库与系统功能，提升系统的可扩展性。

（三）云服务应用层

云服务应用层作为系统与使用者的交互通道，利用不同形式提升使用者与系统之间的交互能力，使使用者发挥能动性的同时也使系统的价值得到最大程度的发挥。

二、加强田径运动训练质量管理

田径运动训练质量的好坏直接反映于运动员身上，如体能是否得到提升，技术是否越来越准确、熟练，心理素质是否越来越强，运动智能水平是否得到提高等。在高校田径运动训练中，要促进大学生运动员田径综合素养的提升，就必须在训练管理中重视训练质量管理，认真分析当前存在的质量问题，将先进的质量管理理论引入训练管理中，采取切实可行的管理方案与策略，有效提高训练水平与质量，实现理想的训练目标与管理目标。

（一）以质量为目标，满足长远发展需要

在高校田径运动训练的整个过程中要格外注意质量问题。教练员要对自己严格要求，也要对运动员严格要求，要根据现实需要培养优秀田径运动员

人才。加强田径运动训练质量管理，既要抓好田径训练过程中的质量，又要抓好训练结果的质量，对训练过程不断优化能够促进最终训练质量的提升。

高质量的田径人才是田径事业发展的生命线，竞技田径人才培养工程只有最终有高质量的产出，才能赢得市场和信誉，从而形成良性循环的人才培养机制。在激烈的田径竞技市场竞争中，高校作为人才培养单位，只有贯彻质量第一的原则，加强全面质量管理，才能赢得政府、社会、家长以及大学生的信任。

（二）持续改进，不断提高质量管理效果

随着竞技田径运动的不断发展，对运动员培养质量的要求越来越高，因此在高校田径运动训练中所追求的质量是没有上限的，也就是说培养优秀的田径运动员是永无止境的。持续改进高校田径运动训练质量，要求在整个训练过程中实施动态管理，并引进全面质量管理理论中的循环管理法，具体包括计划、实施、检验、采取措施四个管理环节，有序开展各个环节的管理工作，循序渐进地进行动态管理，促进田径训练质量以螺旋式的态势稳步提高。

第六章　高校田径体能、心理、智能训练

体能、心理与智能是构成运动员竞技能力的基础因素，其中，体能是基础保障；心理是运动员技战术稳定发挥的保证；智能是运动员在赛场上审时度势的保证。它们各自发挥着重要的作用，是田径运动训练的主要内容。在高校田径运动训练体系构建中，要合理安排这几方面的训练，缺一不可。本章就高校田径体能、心理以及智能的训练进行研究，为高校田径训练和大学生运动员的培养提供科学指导。

同点是活动轨迹不固定，能够刺激练习者躯干部位的深层肌群积极参与运动，并使躯体的正确运动姿态得到很好的保持，提升练习者的核心力量和核心稳定能力，这样即使不需要借助外力也能很好地支撑躯体。

（2）综合器械练习

综合器械练习方式丰富多样，如在平衡球上单脚站立或双脚同时站立，上肢持哑铃做一些简单的练习，如上举、下拉、转体、下蹲等；坐在瑞士球上持轻器械做各种简单的练习；等等。

采用综合器械练习法时，至少要选择两个器械，这样练习难度就比单一器械练习的难度大一些，适用于核心肌群能力较强的运动员。这些运动员的身体平衡控制力较强，能够使躯干在正确姿势下完成各种器械练习。

采用综合器械练习法时，其中一种器械应该是不稳定的器械或者是使运动员站在器械上时处于不平衡状态的器械，采用这样的器械进行非平衡性力量训练，能够锻炼运动员调整与控制身体平衡的能力，促进神经—肌肉系统的平衡、肌肉本体感受能力的改善以及核心肌群力量的发展。

（3）普拉提练习

普拉提运动集肢体活动与心灵修养于一体，练习者在这类练习中，用自己的意志力对身体动作加以控制，通过锻炼身体各部位肌群，使练习者对自身肌肉的伸缩与控制有深入的体会，最终增强核心肌群的力量，促进身体稳定性的提升。

（二）速度训练方法

1. 反应速度训练

（1）重复反应法

教练员突然发出信号，练习者快速做出反应，或者教练员连续发相同或不同的信号，训练练习者的反应力。练习者听信号快速起动完成信号指示的动作，如果是重复同一信号，要求每次的应答反应都很快，不能停顿、犹豫，也不能做信号之外的动作。

（2）分解运动法

对回答反应的动作进行分解，从而在比较简单和容易的条件下快速反应，完成动作，促进反应速度的提高。

例如，练习者蹲踞式起跑的反应时间比站立式起跑的反应时间长，因为蹲踞式起跑的准备姿势是练习者双手撑地，手臂承担部分身体重量，当教练员发出起跑信号时，练习者很难快速脱离支撑点，从反应到行动需要一点时间。而如果采用站立式起跑的准备姿势，听到起跑信号时上肢反应速度就会更快一些。

2. 动作速度训练

（1）“加速”动作练习法

田径运动中，很多项目都含有一个加速阶段，这是从静止状态到最大速度的过渡阶段，如跳跃运动中的助跑阶段，投掷运动中的滑步阶段等。加速动作使动作速度不断加快，直至达到最大速度。因此在田径动作速度训练中不能忽视加速阶段的练习。

在恰当的时机将合理的辅助加速动作加入完整动作过程中，能够取得良好的速度效果，如推铅球项目中，运动员最后出手前会有一个转体动作，这就是为了加快出手速度。在动作速度练习中应该对这些辅助环节单独进行训练。

（2）改进技术法

动作技术的完善程度对动作速度有决定性影响，而动作技术是否完善，与动作幅度、动作方向、肌肉用力部位和用力角度以及肌肉工作距离、工作时间等有着必然的联系，只有做好各个动作环节，确保各环节之间的连贯衔接，并优化各个动作要素，才能提升动作技术质量，将技术动作轻松快速地完成，没有多余的动作，动作速度水平可以得到充分发挥。

3. 位移速度训练

（1）发展步长步频练习法

短跑运动员发展位移速度的主要方法是加快步频和步长，在发展步长和步频的练习中，可以借助先进的训练工具，如牵引机、加吊架的领先装置等，不仅能够提高跑速，还能改进短跑技术。

（2）综合性练习法

综合性练习法指的是将位移速度的发展与技术的改进结合起来进行练习，步骤如下。

第一步，进行肌肉力量练习，主要采用负重重复练习法，负荷强度为最大力量的40%～60%。

第二步，进行肌肉协调性练习，如负重蹲跳、跳深等，负荷强度以最大力量的75%～100%为宜。

第三步，“金字塔式”练习，将以上两种练习结合起来。

第四步，进行髋关节柔韧性练习，如弓步肩后仰、转髋走，胶皮带抬腿送髋等。

第五步，改进技术动作，促进位移速度的发展。

（三）耐力训练方法

1. 变换练习法

在变换练习条件、练习因素的情况下反复进行练习。可变换的练习因素有很多，但最常变换的是练习负荷，根据练习者的情况采用不同的练习负荷，不断提升练习效果。

此外，还可以变换练习条件，如在不同的地形、选择不同的路线进行快慢跑、慢跑、变速跑练习。

需要注意的是，在采用变换练习法时，要按照运动训练规律和人体发展规律科学合理地、有序地改变训练因素，不能突然改变，要给练习者一个适应的过程，以免造成运动损伤。

2. 高原练习法

高原练习法指的是在空气稀薄的高原地区进行特殊环境下的缺氧训练，以2500米海拔高度为宜。在其他训练条件相同的情况下，高原训练比平原训练的耗能更多，疲劳更快、更重，恢复时间更长，而且训练过程更艰难，存在一些不易控制的因素，所以这种训练方法一般适用于适应能力强的高水平田径运动员。

若因一些特殊原因无法采用高原练习法时，可以用“低压氧舱”练习、“仿高原训练器”练习等方式来替代，这同样也是在缺氧环境下训练，能够达到类似的效果。

二、田径项目专项体能训练方法与手段

田径运动项目丰富多样，不同项目的专项体能特征是有区别的，对大学生的体能要求也有差异，因而在高校田径体能训练中，要结合各项目的运动特征和体能要求进行专项训练。下面列举跑类运动中短跑、中长跑，跳类运动中跳远和跳高以及投掷类项目中掷铁饼和推铅球共6个田径项目的专项体能训练方法与手段，为参与这些项目的大学生进行专门体能训练提供参考。

（一）短跑体能训练

1. 力量训练

（1）上肢力量练习

①俯卧撑，每组40次左右，共3组。

②持哑铃摆臂，每组80次左右，共3组。

③拉力器练习，每组8~10次，共3组。

④杠铃平推，每组10~15次，共4组。

⑤杠铃卧推，每组10~15次，共4组。

（2）躯干力量练习

①负重俯卧挺身，强度50%，每组10~15次，共3组。

②负重仰卧起，强度40%，每组5~10次，共2组。

③负重体前（侧）屈，强度30%~40%，每组10~15次，共5组。

（3）腿部力量练习

①深蹲，强度80%，每组5次，共5组。

②负重提踵，强度80%，每组8次，共5组。

③半蹲跳，强度60%，每组8次，共5组。

④垫上俯（仰）卧屈小腿，每组每侧腿各30~50次，共4组。

⑤拖重物跑，强度40%，每组20次，共5组。

（4）全身爆发力练习

①抓举，强度60%，每组6次，共5组。

②挺举，强度80%，每组6次，共5组。

③连续快挺，强度60%左右，每组8次，共5组。

④高翻，强度80%左右，每组8次，共5组。

2. 速度训练

（1）位移速度练习

①站立式起跑，用最大强度跑30米、50米、80米、100米，距离逐渐增加。

②蹲踞式起跑，用最大强度跑30米、50米、60米，距离逐渐增加。

③加速跑，距离80～120米，最后加速到极限强度。

④行进间跑，用最大强度跑20～50米，距离逐渐增加。

⑤两人一组追逐跑，距离30～60米。

⑥加助力跑，如顺风跑、下坡跑，距离灵活设置。

⑦加阻力跑，如上坡跑、负重跑，距离灵活设置。

⑧测验跑、检查跑，形式多样。

（2）反应速度和动作速度练习

①篮、足、排等球类运动练习。

②听信号起跑练习。

③锻炼反应能力的游戏练习。

④快速摆臂练习，持续5～20秒。

⑤高频率小步跑30米。

⑥快速高抬腿跑或半高抬腿跑，跑的形式有多种，持续5～10秒。

⑦快速单足跑，距离30～60米。

⑧快速跨步/后蹬跑，距离50～100米。

（二）中长跑体能训练

1. 力量训练

（1）快速力量练习

①起动力练习。楼梯跑、沙地跑、上（下）坡跑、负重加速跑、站立式起跑（短程）、顺风跑、牵引跑等。

②爆发力练习。练习手段有快挺、卧推、立定跳、提踵、深蹲、高翻、

半蹲等，强度30%～50%，（3～5组）×（5～10次），练习时动作速度要快。

（2）最大力量练习

练习内容有半（全）蹲、快挺、高翻、负重交换跳/提踵/高抬腿/体前屈/转体等。

采用上述练习内容时，练习方式主要有以下几种。

①重复法。强度75%～90%，完成6～8组，每组3～6次，间歇3分钟。

②精力训练法。强度70%～90%，完成3～6组，每组4～6次。间歇3分钟。

③极端用力法。强度50%～75%，完成3～5组，每组10～12次，间歇3～5分钟。

④强度法。强度85%～100%，完成6～8组，每组1～3次，间歇3分钟。

（3）力量耐力练习

①上坡跑。

②循环练习法。

③电刺激练习法等。

2. 速度训练

（1）反应速度练习

①听信号站立式起跑练习，距离30米，重复10次。

②听信号俯卧起跑，距离30米，重复10次。

③听信号仰卧起跑，距离30米，重复10次。

④看手势反复移动跑。

⑤练习者紧闭双眼，同伴在其周围放小的标志物，如海绵垫等，然后在远处击掌，练习者迅速睁眼寻找标志物。

（2）动作速度练习

中长跑动作速度练习中，练习时间与能量供应系统规定的时间有关，以提升最佳跑速为目的的练习，每次练习时间不短于30秒，以提升专项速度为目的的练习，练习时间依据练习内容和练习方式而定。

中长跑动作速度练习方法如下。

①高抬腿、快速摆臂、各种跳等练习，这些练习都要规定时间。

②练习各种跳，每一种跳的方式都要规定次数。

起点一定距离的位置。这对大学生的力量、速度、反应能力等都提出了很高的要求，而且要求学生神经肌肉协调性好，在起跳时能够将全身力量汇集到一起，达到一定的远度。在跳远训练中，关键要解决如何通过改进速度、完善技术而取得理想的运动成绩。

田径运动中的跳远项目具有跑跳结合的特征，大学生参与这项运动，要具备良好的体能素质，包括力量、弹跳爆发力、反应速度以及灵敏和协调能力等。因此在跳远专项体能训练中，既要全面发展一般身体素质，又要特别重视快速起跳能力的提升和速度的改进。只有拥有良好的专项身体素质，才能既跑得快，又跳得远。

下面主要分析跳远项目的专项力量、专项速度和专项灵敏与协调性训练手段。

1. 力量训练

（1）绝对力量练习

①上肢力量练习。利用器械进行挺举、抓举、哑铃摆臂等练习。

②下肢力量练习。负重条件下进行体前屈、全蹲、半蹲、快蹲等练习。

③腰腹肌力量练习。负重条件下进行仰卧起坐/举腿等练习。

（2）快速力量练习

练习方式主要有单/双脚跳、纵跳、跳台阶、跳栏架、障碍跳、跨步跳等。学生既可以徒手练习，也可以手持杠铃或脚绑沙袋等进行负重条件下的练习。

（3）弹跳爆发力练习

弹跳力对跳远运动的参与者来说是一种综合力量体现，学生应该结合跳远的技术动作结构和专项特征进行弹跳爆发力训练。在练习过程中要注意以爆发的速度完成动作，在快速运动中要保持身体平衡，身体协调用力帮助完成由跑到跳的运动形式转换。反复练习跳远技术也是锻炼弹跳爆发力的有效手段。

跳远专项弹跳爆发力的训练手段如下。

①触胸跳练习，跳起后尽量让膝盖靠近胸部。

②跳起后腿向前伸。

③跳起后两腿前后分开。

④两脚交替进行长短距跨步跑练习。

⑤快速收腹举腿。

⑥跳跃跑，跑跳过程中向前踢腿。

⑦将实心球夹在两脚间，起跳将球抛向前上方。

2. 速度训练

跳远专项速度训练中，以绝对速度训练为主，在绝对速度练习中也要注意对快速起跳能力、速度耐力的锻炼。学生要结合跳远项目的技术特点来加强速度素质训练，以理想的速度完成完整的跳远技术动作过程。

跳远专项速度训练手段如下。

（1）跑的练习

按短跑的技术动作要求完成练习。

（2）反复跑

反复跑的距离要适宜，在跑的过程中，因为跑段比较长，学生可能因为比较紧张或用力不当而出现动作变形、不规范的问题，因此必须严格要求动作的准确性，使身体在相对放松的情况下进行练习。

（3）行进间计时跑

跑的方式有在平坦的跑道上跑或在下坡路段上跑，也可以将两种方式组合起来。

在平道上跑时，注意动作的准确性，按短跑的技术要求跑，对本体感觉和速度节奏感予以体会。

在下坡路段上跑时，身体要适度放松，步长稳定，转入平道前的最后技术要求速度快、频率高、重心高。

（4）全程跑（控制间歇）

要求跑得既快（速度快）又准（动作正确），次数为8次左右，合理安排间歇。

练习过程中，助跑阶段要达到一定的速度，体会速度感，最高速度应在上板前就达到。

（5）踏标记跑20～30米

①练习过程中，在以正常的步长助跑12～14步后，步长增加5厘米，然后以增加后的步长跑10～15步，对步长与步频在高速跑动中的统一与协调予

以体会。

②练习过程中，在以正常的步长助跑12～14步后，步长缩短5厘米，然后以缩短后的步长跑15步，快跑途中要求“三高”，表现为重心高、步频高和速度高。

3. 灵敏与协调训练

参加跳远运动，要有良好的平衡能力与空间感觉能力，这是保持良好跳跃节奏和顺利完成技术动作的基础条件。因此大学生要结合专项特点有针对性地进行灵敏与协调能力训练，训练方法如下。

（1）操类活动练习，发展协调、平衡能力。

（2）球类练习，提升反应能力。

（3）技巧练习，提升空间定向能力。

（4）活动性游戏练习，提升灵敏和协调能力。

（四）跳高体能训练

跳高技术最突出的特点是快速，这体现在助跑、起跳、过杆等各个环节，快速不仅要求动作速度快，对快速力量、动作幅度也有要求。在跳高运动中，运动员的势能主要取决于起跳时肌肉爆发用力的功率，而肌肉收缩的力量与速度水平又决定了肌肉爆发用力的功率。因此，大学生在跳高体能训练中要特别重视力量训练和速度训练，力量和速度是直接影响跳高技术质量和跳高成绩的体能因素。设计跳高专项体能训练手段时，各项练习的动作用力方式、动作幅度等要与跳高技术动作保持一致。

下面具体分析跳高项目专项体能训练手段。

1. 力量训练

（1）徒手练习

①助跑跳远、立定跳远、单脚跳等跳远练习。

②助跑跳上、助跑摸高、纵跳摸高等跳高练习。

③双脚跳高凳、跳栏架等跳深练习。

（2）器械练习

借助器械进行练习，如持哑铃抡摆、蹲跳、前后抛；负重全蹲、抓举等。

跳高专项力量训练中要注意以下几点。

第一，要求动作准确，动作速度快。

第二，合理安排练习次数、组数和间歇时间。

第三，器械重量适宜

第四，将徒手练习、负重练习等不同的练习方式结合起来进行组合练习。

第五，练习方式要与学生的实际情况相符。

第六，注意负重练习中防止动作变形的情况

第七，在负重条件下注意动作的速度和准确性，防止动作变形。

2. 速度训练

跳高专项速度训练的内容包括助跑速度、起跳速度和过杆速度，训练方法分别如下。

（1）助跑速度练习

助跑速度通常包括三个方面，分别是平跑速度、弯道跑速度和弧线跑速度。在助跑速度训练中，要提升加速意识和节奏感，为助跑与起跳的连贯衔接打好基础。下面仅介绍平跑速度练习方法。

在平跑速度训练中，练习目的不同，练习方法也不同。常见练习目的及对应的练习手段如下。

①提高平跑速度：行进间跑、加速跑、反复跑，距离30～60米。

②改进跑的节奏：跳远练习（助跑7～9步）；跨栏跑练习，根据学生的能力决定栏高、设置栏间距离。

③改进平跑技术：高抬腿跑、小步跑、车轮跑等练习。

④提高跑的能力：重复跑、高抬腿跑、原地摆臂，将徒手练习和负重练习结合起来。

平跑练习中，要求动作放松自然、准确到位，体会接近跳高助跑的节奏。

（2）起跳速度练习

①蹬伸速度。

· 原地纵跳摸高。

· 助跑摸高/跳远。

· 跳深练习。

· 连续跨栏或跳高凳。

②摆动速度。

· 助跑起跳膝触高物。

· 连续上步摆腿、摆臂跳起。

· 负重原地摆臂、摆腿练习。

（3）过杆速度练习

①利用助跳板进行助跑过杆练习。

②双杆练习等。

3. 灵敏与协调训练

大学生参与跳高运动，要掌握跳高技术动作，并不断熟练和完善专项技术，就要有良好的灵敏和协调能力。灵敏性和协调性是综合能力，是各方面能力的综合表现，而不是特指某一方面单独存在的能力。身体灵敏与协调能力是指人在客观条件突然发生变化时能够迅速、准确地改变身体运动并依然保持身体平衡的能力。在跳高专项灵敏与协调能力的训练中，必须结合跳高的专项技术来进行练习，并与其他专项体能素质的训练有机结合，从而促进灵敏与协调的综合能力的提升。

大学生可以通过参与球类运动、操类运动、武术运动、各种跑跳结合的练习以及单双杠技巧练习等来发展自己的灵敏和协调能力，从而为熟练掌握跳高技术、提高跳高技能打好基础。

（五）掷铁饼体能训练

掷铁饼运动是一个速度力量型项目，这项运动以力量为基础，速度为核心，因而专项力量和专项速度的训练都很重要。铁饼专项体能训练是一个整体系统，要发展各个专项素质。随着掷铁饼技术的不断发展，对参与者专项体能的要求也越来越高，大学生参与这项运动，除了要有良好的爆发力和动作速度外，空间感觉能力和平衡能力也要达到一定的要求，如此才能在高速旋转中顺利掷出铁饼。

下面重点对掷铁饼项目的专项力量、专项速度以及专项灵敏和协调性的训练方法与手段进行分析。

1. 力量训练

（1）正面原地掷铁饼

面对投掷方向，两脚开立，将铁饼向身后摆动。躯干向右后方扭转，微屈膝降低重心。随铁饼回摆动作双腿蹬伸、向前送右髋，带动投掷臂将铁饼掷出（图6-1）。

图6-1　正面原地掷铁饼

（2）侧向原地掷铁饼

身体左侧对准投掷方向，两脚开立。完成预摆时重心移向右腿，并降低重心。右腿向投掷方向蹬转发力送髋，带动上体和投掷臂将铁饼掷出（图6-2）。

图6-2　侧向原地掷铁饼

（3）原地连续挥片

身体充分扭紧时开始发力。以右腿、右髋的转动为主。投掷臂充分伸展、大幅度摆动（图6–3）。

图6–3 原地连续挥片

（4）仰卧单臂挥片

两腿固定，坐在山羊上转体后仰下摆铃片，躯干充分扭紧（图6–4）。

图6–4 仰卧单臂挥片

（5）原地鞭打标志物

右手持小竹条，从最后用力预备姿势开始用力动作，鞭打标志物（图6–5）。

图6-5 原地鞭打标志物

2. 速度训练

（1）加速跑、行进间跑、短跑、沙地跑、草地跑等各种距离跑的练习。

（2）借助轻器械完成各种跑的练习，如负重加速跑、变向跑、计时短跑等。

（3）利用橡皮筋做后蹬跑、跨步跑等牵引跑练习。

（4）听信号应答练习、接力比赛。

（5）快速交叉转髋。

（6）助跑跳远、助跑跳高、助跑起跳+转体练习等。

（7）选择重量轻的实心球进行投掷练习。

（8）做完整的掷铁饼技术练习。

3. 灵敏和协调训练

掷铁饼运动对人的灵敏性和协调性有较高的要求，因此在专项体能训练中不能忽视这方面身体素质的训练。通过专项灵敏与协调能力训练，提高空间感觉能力和平衡能力，对旋转后顺利将铁饼掷出很有帮助。提高灵敏和协调性的训练手段如下。

（1）各种球类练习。

（2）健美操练习。

（3）花样跳绳练习。

（4）借助栏架进行专门的过栏练习。

（5）追逐游戏练习。

（六）推铅球体能训练

推铅球同样是一个速度力量型项目。推铅球时，身体横向转动能够使身体肌肉力量得到充分发挥，身体肌肉力量发挥的程度与躯干转动角度有关，角度越小，身体力量越能得到充分发挥。铅球的远度是由出手的角度决定的，所以在铅球专项体能训练中要充分考虑如何改善身体用力角度和铅球出手角度的问题。

专项体能素质水平和专项技术水平是决定推铅球成绩的关键，在体能训练中要结合专项技术特点和技术提升的需求来设计专项训练手段，从而通过专项力量、速度、柔韧、灵敏及协调等的训练，有效提升健康水平与运动技术水平，进而提高铅球运动成绩。

1. 力量训练

下面重点介绍背向滑步推铅球的力量训练方法。

（1）双手接推实心球

面对抛掷方向，双脚前后开立，双手胸前接同伴传来的实心球。接球后顺势下蹲、重心后移，把实心球引向胸部。向前蹬腿，在身体前上方双手推回实心球给同伴（图6–6）。

图6–6 双手接推实心球

（2）原地推壶铃

投掷臂持壶铃腹侧于肩上，成最后用力前预备姿势。右腿、右髋迅速发力将壶铃推出（图6–7）。

图6-7　原地推壶铃

（3）仰卧起转体推拉胶带

坐在横向的鞍马上，左脚在上、右脚在下固定在肋木间，投掷臂手握胶带固定于颈侧。身体后仰，躯干尽量向后转动，腰腹部和胸部肌群依次用力做出向身体前上方的转体推球动作。然后躯干下摆再次练习（图6-8）。

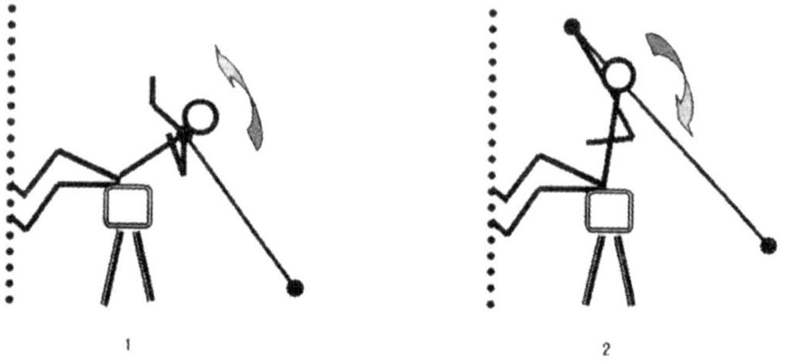

图6-8　仰卧起转体推拉胶带

2. 速度训练

铅球运动专项速度是体能训练的核心内容，这是由铅球项目的特征所决定的。在专项速度训练中要考虑如何在发挥力量的基础上使速度得到最大化提升？如何实现由专项力量向专项速度的转换？

大学生要结合铅球专项技术特征进行速度训练，尤其是动作速度。在铅球训练课中，一般在大学生注意力处于高度集中状态时科学安排速度训练，以提高训练效果。

铅球专项速度训练和铁饼速度训练的方法相似，参考如下。

（1）各种跑的练习，如短跑、行进间跑、沙地跑、台阶跑、加速跑等，以组合形式灵活安排各种距离的跑。

（2）橡皮筋牵引跑练习。

（3）负重跑练习，如计时跑和不计时跑、规定距离或自由距离跑。

（4）手持铅球做推动、后抛、前投等练习。

（5）跑跳结合的练习，如助跑跳高、跳远等。

3. 柔韧性训练

在铅球专项体能训练中，柔韧训练的地位非常重要，良好的柔韧性是增加动作幅度的重要条件，柔韧性差的人在推铅球运动中很容易发生肌肉损伤的现象。铅球运动中预摆幅度、投掷臂投掷距离的增加都需要以良好的柔韧性作为条件，柔韧性强更有助于完善推铅球的技术。因此在铅球专项体能训练中，柔韧性训练必不可少。

在推铅球专项柔韧训练中，一般采用静力性拉伸和动力性拉伸的方法，具体手段包括弓箭步走、踢腿、压腿、体前/侧屈、劈叉、转髋等。此外，结合武术动作练习也有助于锻炼柔韧性。

4. 灵敏和协调训练

完成和完善推铅球技术同样需要参与者具备良好的空间感觉能力和平衡能力，如果平衡能力和空间感觉能力差，那么在投掷过程中可能因为身体失衡而无法顺利投出。投掷区对铅球的投掷速度有影响，这就需要投掷者灵活性强。参与推铅球运动的大学生要结合铅球专项特征，有针对性地进行灵敏与协调素质的训练。

大学生可以通过参与各种球类运动、操类运动、舞蹈运动、武术运动、各种跑跳结合的练习以及单双杠技巧练习、游戏练习等来发展自己的灵敏和协调能力。

灵敏和协调能力的训练方法多样，常常需要将各种练习组合起来，并根据练习需要对练习方式进行灵活调整，如变换速度的练习、变换节奏的练习、变向练习等。丰富有趣的训练方式更能够提升学生训练的兴趣和积极性，提升训练效果。

第二节　田径运动心理训练

一、田径运动心理训练计划的制订

对大学生田径运动员进行心理训练前，要先确定训练目标，然后依据训练目标制订训练计划，明确训练任务，安排训练内容，选择训练方法，设计训练程序，这一系列的理论设计与安排都属于心理训练计划的范畴，是制订心理训练计划的主要工作。

判断心理训练计划是否合理有效，要对其目标的清晰准确性、过程的预见性、实施的灵活应变性进行评估，虽然计划的实施程序、训练的内容与方法已经提前安排与设计好，但在训练过程中也要注意根据实际需要进行调整，在实践中不断完善计划，提高实施效果。

要制订出一份清晰准确的、有预见性的、灵活性强的田径运动心理训练计划，可以从以下几方面开展，这也是制订大学生田径运动员心理训练计划的基本程序与步骤。

（一）明确训练对象

明确训练对象是制订心理训练计划的第一步。每个大学生都是独立的个体，他们的心理特点各不相同，而且不同田径运动项目对参与者的运动心理有不同的要求，这些专项要求对心理训练计划的内容与实施具有重要影响。因此对田径心理训练计划进行制订时，要对训练对象进行综合分析，全面了解训练对象，要求如下。

第一，既要考虑大学生之间在人口统计变量学上的差异，如性别、年龄、运动年限等，又要考虑大学生的心理差异，如态度、动机、人格、个性、人际关系。

第二，考虑不同项目参与者应具备的专门心理特征，如有些田径项目对参与者的感知觉能力、意志品质等有较高要求；有的则对参与者的注意力、情绪控制力等方面有较高要求。了解不同项目对参与者心理能力的特殊要求和专门要求，有利于更有针对性地安排心理训练内容。

（二）加强沟通

高校田径运动心理训练计划中的训练内容能否满足大学生的真实需要，训练方法是否能够充分发挥促进大学生心理能力提升的作用，训练步骤是否具有指导意义，等等，这一系列问题需要计划制订者与教练员、大学生进行深入沟通才能求解。

田径运动心理训练计划的制订者是供应方，心理训练计划的实施者——教练员和实施对象——运动员（大学生）是需求方，在实施训练计划前，供应方与需求方必须就训练计划中的重点内容达成共识。如果教练员和运动员不认可计划中的一些内容，或者不相信这份训练计划能够帮助运动员提高运动心理能力，那么就无法开展心理训练工作，此时供应方和需求方就要开始协调，协商如何调整与完善训练计划，直至在主要方面达成共识，然后才能将计划投入使用，正式实施计划。

（三）理解专项特征

田径运动心理训练计划的制订者应该既是田径教学训练工作者，也是运动心理学专业人员，这样的制订者对田径专项心理特征更了解，他们制订的心理训练计划也更容易被认同。

专业的计划制订者通过了解训练对象后，能够判断训练对象存在哪些心理问题，需要做哪些心理上的改进和调整，需要重点加强哪方面心理能力的训练，基于准确判断而制订的心理训练计划更具有针对性和可行性，计划实施之后更容易见效。

（四）评估个性心理特征

运动心理学专业人员制订田径心理训练计划时，为了使心理训练计划与大学生的实际情况更加契合，更有针对性，能切实解决大学生的心理问题，帮助大学生完善心理品质和提高心理技能，则应该通过有效的手段对大学生个性心理特征进行评估，从而获取关于大学生心理方面的一些重要信息，将评估结果作为制订计划的依据和参考。

评估大学生个性心理特征的手段主要有面谈、现场观察、问卷调查、行为记录等。

（五）确定训练内容、方法和程序

经过对大学生的心理评估后，能够对他们的心理特征、心理技能薄弱环节有清楚的了解，从而为明确心理训练的重点内容提供现实依据，能够保障心理训练内容的针对性。对于大学生薄弱的心理环节，要在心理训练中特别加强训练和积极干预。

将田径运动心理训练内容明确下来之后，还要对训练方法进行设计与选用。动机激发法、表象训练法、注意力集中训练法、自信心培养法、实战训练法等是田径运动心理训练中最常见的方法，制订者要结合大学生的个性心理特征、心理薄弱环节、专项需要、参赛需要以及训练环境和条件而选择具有针对性的、便于操作的训练方法和手段，确保在实施各项心理训练方法后能够切实促进大学生心理薄弱环节的改善。

确定训练方法后，还要设计田径运动心理训练的实施程序，明确训练的时间进度、训练内容的实施顺序，从而提高训练计划的实施效率。

（六）评估计划实施效果

田径运动心理训练计划执行一段时间后，要评估实施效果，计划实施效果如何，主要从大学生的心理训练效果中反映出来。通过评估，能够了解训练计划的有效性，也能发现训练计划的不足，从而进行改进与完善，在训练

大的把握获得胜利，或者只有非常小的把握能获得胜利，那么参赛者都不会有太强烈紧张心理，因为不确定性较小。而如果在决赛中，双方差不多，获胜或失败的概率各占一半，那么参赛者就会产生很强烈的紧张心理。

共同点二：不可控性是人们害怕自然灾害和运动员害怕比赛的又一个共同原因。自然灾害如地震、台风一旦发生，人们不可控制，只能想办法躲避灾难，保护生命，同样，比赛进程也不是完全由运动员所掌控的，场地器材、自然环境、裁判、赛场氛围、对手等因素都会影响比赛进程。通常，诱发紧张心理的因素越不可控，就会产生越强烈的紧张心理。

面对影响比赛成绩的不确定和不可控因素，参赛者自信心就会受到打击，要避免出现这个问题，就要将可控因素和确定因素找出来，对这些因素予以积极的干预和操纵，提高参赛者对比赛成绩的把握性，提升其自信心。

2. 正面语言暗示

大学生运动员在田径比赛场上的心理定向与运动表现会受到语言暗示的影响，当面临重大比赛或处在重大比赛中时，参赛者为了建立心理定向，常常用积极正面的语言暗示自己，这有助于提升自信心，在比赛中有更好的行为表现。

有关研究表明，同样是语言暗示，积极语言暗示和消极语言暗示所起到的效果是截然相反的。用“果断”“你能行”等积极语言暗示时更容易保持自信，从而有更好的运动表现；而用“别担心”“别失误”等消极语言暗示自己的参赛者会起到相反的效果，导致自信心下降，在比赛过程中频繁失误和出错，最终影响比赛成绩。因此，大学生要不断增加自信，充分发挥自己的竞技能力，养成用积极正面语言暗示自己的习惯。

大学生用积极的提示语暗示自己，要提示自己应该怎么做，而不是哪些不能做，因为比赛中可能有太多影响比赛成绩的行为不该做，而应该做的事或对比赛有益的事是明确可以做的，做确定对比赛有益的事能够提升获胜的概率。

3. 创设熟悉的环境

有关研究表明，人们在熟悉的环境中更有自信，而在陌生的环境中会感到紧张和局促不安。因为对每个人来说，环境越熟悉，不确定因素就越少，适应起来更容易，不需要专门做一些调整也能很快适应，所以在熟悉环境中的人是自信的。大学生如果在陌生的环境中参加比赛，在充满不确定的比赛环境中容易焦虑、紧张，没有自信。要解决这一问题，就要尽可能为他们创造熟悉的比赛环境，具体做法如下。

（1）参赛者在比赛中多注视自己熟悉的教练、队友和比赛物品。

（2）参赛者外出比赛可以随身携带自己的日常用品，产生亲切感。

（3）在比赛中多关注观众的加油呐喊声，获得鼓舞，这样会更有自信。

4. 提前准备方案

参赛者在比赛中的自信主要来源于自己的实力和充分的准备。提前做好各方面的参赛准备对提升自信有重要意义，可以说提前制订准备方案是在比赛中保持自信的基础与前提。比赛准备方案需要由教练员和参赛者共同制订，方案的格式并不固定，没有统一标准，但基本原则是提出“如果……”的假设，然后写出“我会……”的对策，即预测比赛中可能出现的问题，然后提出解决方案。

（五）抗挫折训练法

田径比赛虽然不像球类运动那样有激烈的身体对抗，但竞争也是很激烈的，比赛名次不到最后一刻都是未知的，最终有胜利方，也必然有失败方，失败的结果会给学生带来很大的心理打击，为防止学生失败后一蹶不振，有必要在日常心理训练中采用抗挫折训练法提高大学生运动员的心理承受能力和抗挫折能力。

（六）VR训练法

VR技术是一种现代化运动训练手段，在体育训练中得到广泛应用。大学生的运动心理和比赛心理容易受到外在因素的影响，但在平时的训练中不易构建真实的比赛场景，对外在因素的模拟有较大的难度，这样大学生在日常训练中就容易忽视比赛中外在因素对自己的影响。而应用VR技术可以通过虚拟化的场景让大学生感受真实的田径比赛环境，体验各种因素对自己的影响，从而对比赛中的外在影响因素有更深刻的认识，更有针对性地调节自己的心理状态。

将VR 技术应用到田径心理训练中，要注意合理筛选要呈现的内容与因素，从而通过还原真实比赛场景来提高大学生在实战中的心理控制能力与调节能力。

第三节 田径运动智能训练

一、运动智能训练的基本理论

（一）运动智能训练的必要性

1. 运动行为本身的需要

运动员的运动行为本身既有身体活动，也涉及心理活动和智能活动。虽然智能活动不像身体活动那样明显，能够被直观看到，但智能因素存在于运动员每一个技术的完成过程中和战术行动中，运动员的战术思维能力、实际操作能力、思想认知能力都体现其在比赛中的技战术行动中。所以说，智能活动本身就是运动行为的一部分，必须与身体训练、技能训练结合起来，不能忽视智能训练。

2. 运动训练学发展的需要

在科学技术的快速发展中，科技分化与科技综合是并存的，在科技迅猛发展的今天，体育学科研究水平也不断提高，并且有自然学科向其渗透，促进了运动人体科学的不断丰富。运动人体科学涉及诸多学科领域，有关学科相互渗透、相互影响，综合形成新的学科，其中就包含运动训练学这一综合性学科。要促进运动训练学的不断发展与完善，不断丰富运动训练学理论，从而有效指导运动训练实践，就需要有一批智能水平高的运动员、教练员和科研人员共同努力，共同推动运动训练学的发展。可见，培养运动员的智能是运动训练学科发展的需要。

3. 现代运动训练发展的需要

随着运动训练的不断发展，其他科学领域中的一些先进知识与技术逐渐向运动训练领域渗透，在运动训练中得到运用，并发挥了重要的作用。要进一步发挥更多先进科学知识和技术的作用，就需要运动员对丰富的运动科学知识予以掌握，并有能力将理论运用到训练和比赛中，以此提高训练水平和比赛成绩。这便对运动员的智能提出了较高的要求。

智能水平高的运动员更善于主动利用与运动专项有关的原理和规律去指导训练实践，善于在身体机能和运动素质的培养中采用先进训练方法，善于对技战术的深入分析与灵活应用，善于在教练员的指导下对训练过程进行调控与完善，最终促进自身竞技能力的提高。所以说，智能训练是运动训练发展的需要，也是运动员竞技能力提高的需要。

（二）运动智能训练的任务

智能训练是以促进运动员智能水平的提高为主要目的的，完善下列训练任务有助于促进训练目的的实现。

第一，对运动员的独立训练和参赛能力进行培养。

第二，对运动员熟练使用运动器械进行针对性训练的能力进行培养。

第三，对运动员独立或合作设计、高效履行以及不断完善个人训练计划的能力进行培养。

第四，对运动员的自我监督能力进行培养。

（三）运动智能训练的内容

智能包括智力与能力，所以运动员智能训练也包括智力训练和能力训练，智力训练是能力训练的基础，能力训练必须结合具体专项特征与要求进行。所以在运动员一般运动智能训练中，常常以智力训练为主，训练内容主要包括智力的五大要素，如图6-9所示。

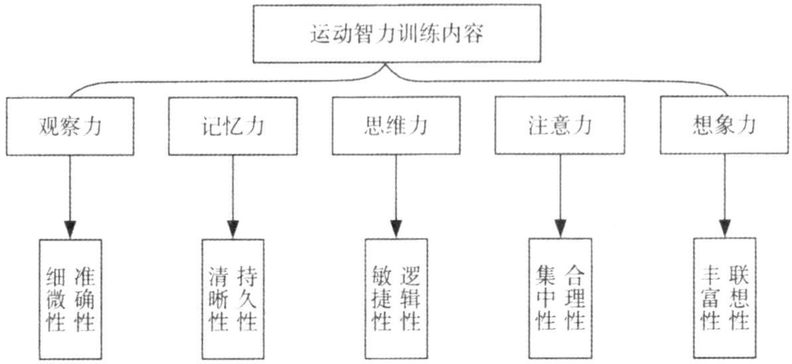

图6-9 运动员智力训练内容①

二、大学生田径运动技能的全面训练

（一）观察力训练

在高校田径运动智能训练中培养与训练大学生的观察力时，主要采用思考法、任务法、游戏法等训练方法。根据实际情况选用相应的训练方法或将多种训练方法结合起来运用可取得良好训练效果。

（二）记忆力训练

运动摄像是提高大学生记忆力的有效方法之一，录制田径训练或比赛视频，大学生在训练或比赛结束后观看录像，分析与思考技术动作，加深对技术的理解和记忆，提高主动记忆能力。

① 胡亦海.竞技运动训练理论与方法[M].北京：人民体育出版社，2014.

（三）思维能力训练

培养大学生的思维能力要求在日常田径运动训练中加强对其思维的引导，鼓励大学生进行积极的思维活动，使其养成主动思考的习惯。

（四）注意力训练

在田径运动智能训练中培养大学生的注意力，首先要利用实物、器材、仪器等手段提高大学生集中注意力的能力，然后培养排除干扰的能力，排除内外干扰也是为了提高注意力的集中度。

（五）想象力训练

人的想象力从无意识到有意识，从抽象到具体，从模仿到自创不断发展，想象力经过训练与培养能够得到提高。在想象力训练中，引导大学生进行再造运动想象和创造运动想象，二者相互包含，所以要将二者结合起来，从而提高想象能力。

三、田径运动智能训练的常见方法

（一）表象排练法

在田径运动智能训练中，大学生表象重现和想象自己感知的技战术，使第一、第二信号系统紧密结合，有利于形象思维能力与抽象思维能力并举相长。表象排练法具体有以下几种实施方法。

1. 听讲表象

听讲表象是教练员讲述正确动作方法，大学生在大脑中重述动作方法，并试图用笔画出动作过程。

2. 对比表象

对比表象是在大脑中对比分析错误动作与正确动作，找出错误的原因，确定纠正的办法。

（二）引进植移法

在头脑中对其他专项的先进理论、技战术打法进行分析、加工与改造，最终设计出适合本专项特点的理论、技战术打法，这就是引进植移法。这是田径运动智能训练中培养大学生思维创造力的重要方法，具体包括以下几种移植类型。

1. 理论植移

将成熟项目的先进训练理论有选择地运用到田径运动项目的训练或比赛中，指导田径训练或比赛活动。

2. 动作植移

借鉴非专项运动的技术特征，赋予专项的动作形态。

（三）求异创新法

求异创新法是培养大学生思维创造力的重要方法，常见的运用形式有以下几种。

1. 对比求异

对比两种以上类型相同但细节不同的技术，寻找共同点与不同点，深入认识细节，为在比赛中灵活运用技术奠定良好基础。

2. 组合求异

组合求异是通过不同形式的动作组合使技术更丰富，以此提高大学生的求异创新能力。

3. 改造求异

改造求异是指捕捉一些非正规但有实效的变异动作并加以改造，使大学生在比赛中使用这些动作达到良好的效果。

第七章　高校田径技术训练

田径运动技术在田径竞技能力中居于核心地位，因而田径技术训练是田径运动训练体系的重点。在高校田径运动训练中，应在打好体能基础的前提下侧重技术训练，并将体能训练、技术训练以及运动心智能训练有机结合起来，有效提高大学生的田径运动技能水平和综合运动素养。本章主要对高校田径技术训练方法进行分析，主要包括竞走运动技术训练、跑类运动技术训练、跳类运动技术训练以及投类运动技术训练。

第一节　竞走运动技术训练

一、竞走技术动作分析

（一）身体姿势

竞走迈步时，身体始终保持正直、放松，骨盆不能前倾或靠后，后背保持平直，如图7-1所示。身体纵轴垂直于地面，头部处于自然位置，目视前下方路面。

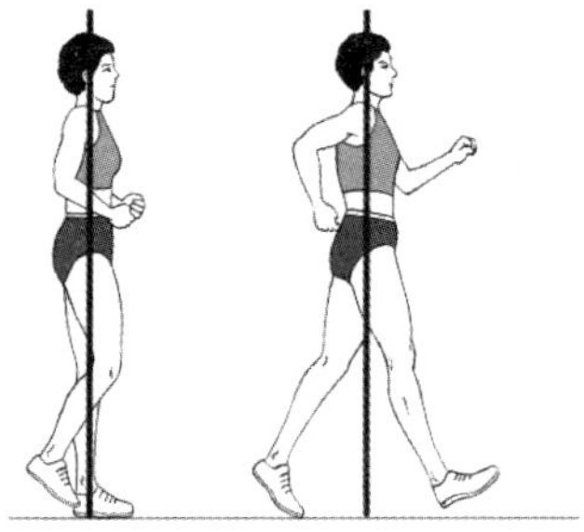

图7-1　竞走身体姿势

（二）髋部动作

髋部动作就像一个发动机，使膝关节和脚加速向前运动。在之后的摆动动作阶段，膝关节赶上向前运动的髋的位置。当接触地面时，脚后跟稍微超过膝关节。如此反复，直到完成竞走。

正确的髋部动作能增加步长（图7-2）。标准的脚步下落位置如图7-3（a）所示，形成一条直线。髋部动作出现错误，如没有充分做转髋动作或髋部动作受骨盆柔韧性的影响，就会导致脚落在一条直线的两侧[图7–3（b）、（c）]，从而影响步长。

图7–2　髋部动作与步长的关系

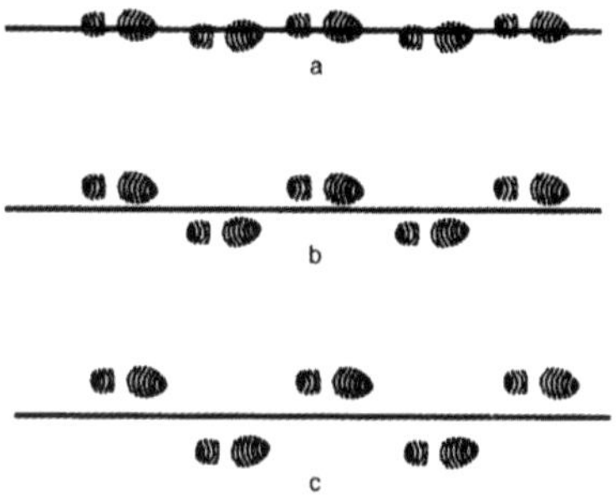

图7–3　脚着地位置

（三）膝关节动作

膝关节在脚跟接触地面的瞬间至支撑腿达到垂直部位时必须伸直（图7–4）。在恢复摆动时屈膝，因缩短了转动半径而加快了摆动速度。后腿的弯曲直接影响摆动速度和效果。应根据膝关节结构、柔韧性和力量来决定最佳屈膝时机。初学竞走，腿由后向前摆动时，要避免提膝过高。

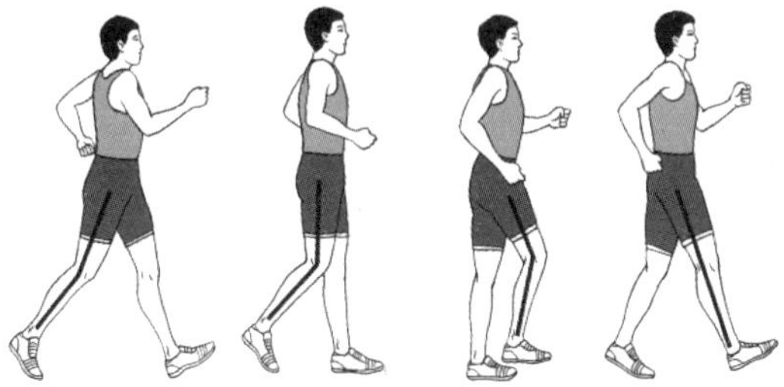

图7–4　膝关节动作

（四）摆臂动作

屈肘角度为90°～45°，角度相对固定，整个摆臂过程中，肌肉放松。手臂移动路线应从臀后腰带水平位置沿弧线移向胸骨位置，整个手臂的摆动低且放松。摆臂时手腕伸直，手放松，同时呈半握拳状或握拳状。当手摆过臀部时，指尖向内。

（五）脚的动作

脚跟先着地，脚尖翘起，脚触地后，人体开始向前运动。在腿完全支撑体重之前，脚尖一直不着地，脚尖离地的时间与胫外侧肌的力量直接相关。在蹬离地面之前，有一个以腓肠肌引起脚转向垂直的推动力。摆动腿的脚向前靠近，但不是擦地而过。

二、竞走技术训练方法

（一）持续走

1. 练习目的

对完整的竞走技术予以体会与掌握。

2. 练习方法

在1500米左右的直道上持续竞走，不能间断。

3. 练习要求

第一，迈大步，身体放松，动作协调。

第二，整个过程完整、连贯、自然。

第三，运动负荷以每分钟心率160次左右为宜。

（二）摆腿走

1. 练习目的

掌握竞走摆腿技术。

2. 练习方法

进行反复摆腿走练习，距离为80米左右，练习时小腿在大腿的带动下摆动，膝关节领先在前。

3. 练习要求

动作自然放松，完成蹬动作后摆腿时脚尖与地面靠近。

（三）直腿着地走

1. 练习目的

对支撑腿伸直并支撑重心的技巧予以体会，加以掌握。

2. 练习方法

第一，进行100米距离的竞走，体会支撑腿着地并支撑重心的感觉。

第二，以不同的速度完成竞走练习，体会脚跟先着地，并逐渐向全脚掌着地过渡的过程。

3. 练习要求

灵活调整速度，将不同速度的练习组合起来，支撑脚着地时要及时将支撑腿充分伸直。

（四）大步前交叉步走

1. 练习目的

掌握转髋动作。

2. 练习方法

在100米的直道上竞走，体会髋沿垂直轴转动大步走。

3. 练习要求

髋积极扭动，身体重心随着髋部的扭动而稳定前移。

（五）手臂伸展前后摆臂走

1. 练习目的

掌握摆臂动作。

2. 练习方法

竞走距离大约100米，走动过程中手臂充分伸展，前后摆动。

3. 练习要求

第一，增加摆动幅度，轻松摆臂。

第二，直臂摆动和屈臂摆动交替练习。

（六）重复走

1. 练习目的

掌握正确的竞走技术。

2. 练习方法

间歇竞走1000米左右，以大强度为主。

3. 练习要求

速度均匀，不要突然加快或减慢速度，一段距离后休息片刻。

（七）间歇走

1. 练习目的

掌握正确的竞走技术。

2. 练习方法

间歇竞走，距离为400米左右，以大强度为主，重复练习数次。

3. 练习要求

间歇时间以2分钟左右为宜，可以在原地休息，也可以采取慢走的休息方式来放松身体。

（八）放松大步走

1. 练习目的

掌握转髋动作。

2. 练习方法

第一，沿前后轴转髋竞走，步幅大，重心顺势移动，支撑腿要充分伸展，距离80米左右，重复练习。

第二，摆动腿同侧髋下沉、上提相互交替完成竞走练习，距离100米左右，重复练习。

3. 练习要求

充分伸展支撑腿，在垂直阶段，摆动腿一侧的髋和膝比支撑腿一侧的髋和膝低。

第二节　跑类运动技术训练

跑类运动主要有短跑、中长跑、接力跑、障碍跑、马拉松跑、越野跑等多个项目，本节主要对基本的短跑与中长跑的技术训练进行分析。

一、短跑技术动作分析

（一）起跑技术

蹲踞式起跑技术方法如下。

1. 就位

听到“各就位”口令时，走到起跑器前，俯身两手撑地，两脚依次蹬在起跑器的前后抵趾板上，后腿膝盖跪撑，两手呈“人”字形撑在起跑线后沿，身体重心位于两手两脚支撑点中央，稍弓身，集中注意力等待下一个口令（图7–5）。

图7–5 就位

2. 预备

听到“预备”口令后，臀部平稳抬起，肩向前移，重心前移，双臂有力支撑，压紧起跑器抵趾板。此时，前腿膝关节夹角约为90°～100°，后腿膝角约为110°～130°，集中注意力静等鸣枪（图7–6）。

图7–6 预备

3. 鸣枪

听见枪响后，手迅速离地，两臂屈肘快而有力地前后摆动，同时两腿迅速蹬离起跑器，屈膝快而有力地向前摆动，身体前倾（图7–7）。

图7–7 起跑

（二）加速跑技术

起跑后加速跑技术要求：前倾角适宜，蹬摆迅速有力，逐渐加大步长、加快步频。加速跑的最初几步速度较慢，两脚沿两条直线着地，随着速度的加快，脚的着地点逐渐靠近，直至在一条直线上（起跑后10～15米处）。

（三）途中跑技术

途中跑时，身体稍前倾，两臂以肩为轴，以肘用力（屈肘约90°），手掌伸出做快而有力地摆动。前摆时肘关节弯曲60°～70°，后摆时肘关节角度可达130°～140°。大腿带动小腿自然有力地快速摆动，前脚掌扒式着地，两腿蹬摆与两臂摆动协调配合，目视终点（图7–8）。

图7–8　途中跑

（四）弯道跑技术

1. 弯道起跑

弯道起跑技术要求有力地蹬腿、摆臂，迅速起动。起跑时，右手撑在起跑线后，左手撑在起跑线后约5～10厘米处，使身体正对切线方向（图7–9）。

图7–9　弯道起跑

2. 弯道起跑后加速跑

弯道起跑后加速跑技术要求前倾角适宜，蹬摆有力，步幅渐增，重心渐抬，渐成直线，保持身体平衡。

3. 弯道途中跑

从直道进入弯道跑时，身体应有意识地向内倾斜；进入弯道跑后，后蹬时，右脚前脚掌内侧用力，左脚前脚掌外侧用力。大腿前摆时，右膝关节稍向内，摆动幅度比左膝大，左腿前摆时，应稍向外。右臂摆动幅度大于左臂，前摆时稍向左前方，后摆时右肘关节偏外，左臂稍离躯干做前后摆动。弯道跑时的蹬地与摆动方向都应与身体向圆心方向倾斜趋于一致。从弯道跑进直道，应在弯道的最后几米，身体逐渐减小内倾程度，并自然跑2～3步后转入正常途中跑。

（五）终点跑技术

到达终点加速摆臂，上体适当前倾，加强后蹬和两臂摆动的力，最后一步加大躯干前倾以胸部冲过终点线。撞线后注意缓冲，不要突然停止。

二、短跑技术训练方法

（一）起跑技术训练

1. 训练方法

（1）推肩起跑练习。

（2）借助橡皮带等工具进行阻力起跑练习。

2. 注意事项

（1）刚开始时，由于运动员的技术尚不熟练，因此不用过分强调运动员身体前倾，防止不慎摔倒。

（2）可以根据运动员的需求自行调整起跑器的位置和抵足板的角度。

（二）加速跑技术训练

1. 训练方法

（1）利用节拍引导的加快步频练习。

（2）在跑道上标记一定的步长，要求运动员尽量将步子迈开到和标记步长相近长度的练习。

（3）进行第一步技术、摆臂技术、两腿蹬伸技术和前摆技术的练习。

（4）听信号蹲踞式起跑，加速跑20～30米。

2. 注意事项

刚开始训练时，要注意以单人训练为主，听枪声集体起跑要在掌握技术之后和训练的后期进行。

（三）途中跑技术训练

1. 训练方法

（1）进行大步幅的反复跑练习，感受腿部前摆并带动髋部向前的技术。

（2）进行匀加速跑练习，感受途中跑的完整技术，每次练习的距离设置为60～80米。

（3）进行行进间跑步练习，练习的过程中注意动作的放松和自然。

2. 注意事项

（1）保证上下肢动作的协调一致。

（2）注意锻炼跑步动作的自然放松，以及逐渐掌握以较大的步幅进行跑步的技术。

（3）随着技术的不断提升，逐渐加大训练距离以及训练时的速度，以突破原有的运动负荷。

（四）弯道跑技术训练

1. 训练方法

（1）采用慢速跑、中速跑、高速跑三种跑步方式围绕圆圈进行跑步练习，感受跑步速度与身体倾斜程度之间的关系。

（2）进行由直道跑转向弯道跑技术练习，每次练习的长度可以设置为30~40米，感受弯道技术。

（3）进行全弯道跑练习，帮助运动员感受进入弯道、弯道跑，以及跑出弯道的技术。

2. 注意事项

（1）弯道跑时强调的身体向跑道内侧倾斜不只是躯干向内倾斜，而是整个身体整体协调地向跑道内侧倾斜。

（2）注意进入弯道跑、进行弯道跑和跑出弯道各个过程中，双腿各自的蹬地力量、摆动幅度，双臂的摆动幅度和力量等因素的变化。

（五）终点跑训练

1. 训练方法

（1）在慢跑中连续做上半身前倾撞线动作练习。

（2）在中速跑中连续做上半身前倾撞线动作练习。

（3）在快跑中连续做上半身前倾撞线动作练习。

2. 注意事项

（1）必须边向前跑步边撞线，不能跳起撞线。

（2）冲过终点之后要逐渐放慢跑步速度，不能突然停止，以防在惯性的作用下摔倒。

三、中长跑技术动作分析

（一）起跑技术

以半蹲式起跑为例，在起跑线后，有力的脚在前站在起跑线后沿，另一脚向后站立，前腿的异侧臂支撑地面。支撑地面的手拇指与其他四指分开呈

“人”字形撑在起跑线后沿，另一臂放在体侧。身体重心落在支撑臂与前腿上（图7-10）。

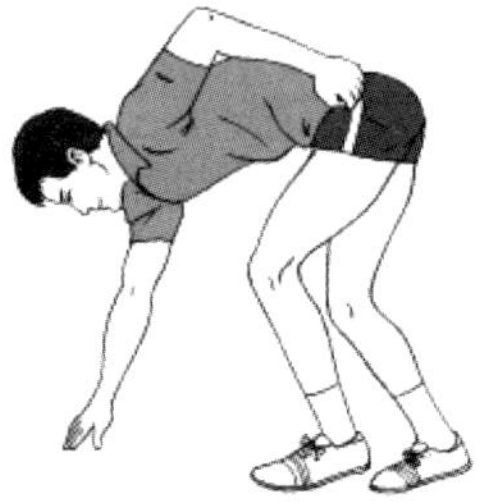

图7-10　半蹲式起跑

（二）加速跑技术

上体前倾稍大，迅速而积极地摆腿、摆臂和后蹬。加速跑的距离主要根据项目、个人特点与比赛情况而定。

（三）途中跑技术

1. 上体姿势

上体近乎垂直或稍前倾，胸微挺，腹微收，头部自然与上体成一直线，颈部放松，眼平视。整个躯干姿势自然而不僵硬。

2. 腿部动作

（1）后蹬和前摆

后蹬动作要求迅速而积极，依次伸展髋、膝、踝三关节，后蹬角度一般为55°左右。当摆动腿通过身体垂直部位继续向前摆动时，支撑腿的各关节要迅速伸直。在后蹬结束时，后蹬腿完全伸直，上体、臀部与后蹬腿几乎成一直线，摆动腿小腿与蹬地腿呈平衡状态。前摆的动作方向与后蹬相反，其动作方向为：踝、膝、髋。在支撑腿后蹬的同时，摆动腿前摆。前摆时，小腿应自然放松，依靠大腿的前摆动作，膝关节领先并带动髋部向前上方摆出。

（2）腾空

后蹬腿蹬离地面后，人体进入腾空阶段。后蹬腿大腿向前上方摆动时，膝关节放松，小腿顺惯性与大腿自然折叠。当摆动腿的大腿摆至与地面垂直时，骨盆向摆动腿一侧下降，摆动腿的膝关节低于支撑腿的膝关节。

（3）落地

当摆动腿前摆结束时，大腿开始向下运动，膝关节随之自然伸直，用前脚掌在离身体中心投影点的前方约一脚到一脚半处着地。前脚掌着地后，膝关节稍稍弯曲，进入垂直支撑时，再过渡到全脚掌着地。着地时，脚尖向前，两脚足迹内缘要在一条线上。

3. 摆臂动作

臂的摆动应和上体及腿部动作协调一致。两臂稍离开躯干，肘关节自然弯曲，约成直角，半握拳，两肩下沉，肩带放松，以肩为轴前后自然摆动，前摆稍向内，后摆稍向外。

（四）弯道跑技术

弯道跑时身体适当向左倾斜，跑速越快向左倾斜的程度越大。摆臂时，右臂向前摆的幅度稍大，前摆时稍向内，左臂后摆幅度稍大。摆动腿前摆时，右膝前摆应稍向内扣，左膝前摆稍向外展。脚着地时，右腿用前脚掌内侧着地，左腿用前掌外侧着地。应靠近跑道的内沿跑。

（五）终点跑技术

终点跑的距离要根据项目特点、训练水平、战术需要以及比赛具体情况而定。一般情况下，800米可在最后300～200米，1500米在最后400～300米，3000米以上可在最后400米或稍长的距离开始终点冲刺跑。

四、中长跑技术训练方法

（一）起跑技术训练

（1）运动员以组为单位，在起跑线后做站立式起跑“各就位”口令后的起跑预备姿势若干次，体会站立式起跑时两脚位置和身体各部姿势，准确掌握起跑前的姿势。

（2）运动员以组为单位，在起跑线后的集合线站好，然后在“各就位”和“跑”的口令下，按站立式起跑和起跑后加速跑的方法、要领做站立式起跑30～80米。

（二）起跑后的加速跑训练

（1）学习和掌握起跑后加速跑技术和方法，结合实践练习，比如10人左右一组，以口令、哨声进行集体起跑和加速跑练习。

（2）中等速度重复跑200米、300米或400米。由站立式起跑出发进行中等速度的重复跑，要求起跑动作正确，跑时动作轻松、自然，跑速均匀，呼吸和步伐配合协调，并注意培养运动员的速度感觉。

（三）途中跑技术训练

1. 法特莱克速度游戏

（1）练习目的

发展有氧耐力。

（2）练习方法

在不同地形条件下进行慢跑、快跑、匀速跑、加速跑等各种跑的交替练习。

（3）练习要求

在过渡训练阶段多采用该练习。

2. 高原训练

（1）练习目的

提升有氧耐力和无氧耐力。

（2）练习方法

模仿高原环境进行中长跑训练或在真实的高原条件下进行训练，一般在海拔1600米以上的高原进行系统训练。

（3）练习要求

高原练习消耗大量能量，注意及时补充能量，消除疲劳。

（四）终点跑技术训练

（1）按水平分组，由站立式起跑出发，进行200米、400米或600米的中等速度重复跑，在最后50～150米处开始适当加速，冲刺跑通过终点。跑的总距离为男子1200～1500米，女子600～800米。

（2）按水平分组，由站立式起跑出发，进行男子1200米和女子600米的中等速度匀速跑，在最后100～200米处开始适当加速，冲刺跑通过终点。

（3）按个人体力分配方案跑。男子1200～1500米，女子600～800米。

第三节　跳类运动技术训练

跳类运动主要包括跳高、跳远、撑竿跳高和三级跳远等项目，本节主要分析基本的跳高与跳远两个项目的技术训练方法。

一、跳高技术动作分析

这里主要分析背越式跳高的技术动作。

（一）助跑技术

背越式跳高主要采用弧线助跑的方法，8～12步完成动作。在助跑的整个过程中，也可分为前段助跑和后段助跑两个部分，其中后段助跑尤为重要，通常跑4～6步。

前段助跑弧度较小，比较平直，这样有利于发挥速度，后段助跑的弧度较大，有利于起跳。在整个助跑的过程中要逐步加快速度，并有一定的节奏。背越式跳高的前段助跑主要是普通的加速跑。即将进入弧线助跑时，身体重心应向内倾斜，注意重心起伏要小。大腿高抬，以膝领先并带动摆动腿同侧髋积极向前迈步。后段助跑的效果直接影响起跳质量，既要注意速度，也要注意节奏的掌握，整个助跑过程要用前脚掌着地并富有弹性，这样有利于起跳。

（二）助跑与起跳结合技术

背越式跳高应将助跑与起跳紧密衔接起来，主要包括两个关键的技术要点，即依靠摆动腿的牢固支撑，使身体在倾斜状态下起跳得到良好的保障，要有力避免身体与横杆的过早碰触；要积极蹬伸摆动腿，快速并大幅度向前移动身体重心，避免臀部下坐和摆动腿支撑无力的现象出现。

（三）起跳技术

起跳脚顺弧线的切线方向踏上起跳点，以脚跟领先着地并顺势转换到全脚掌。同时两臂与摆动腿积极上提，重心迅速跟上，上体积极前移，使起跳腿缓冲。此时，身体与地面保持垂直。当身体重心移至起跳点上方时，起跳腿迅速而有力地蹬伸，完成起跳动作，在做起跳动作时应注意起跳腿充分蹬伸、提肩、提髋（图7-11）。

图7-11　起跳技术

（四）过杆与落坑技术

由于起跳时摆动腿屈膝向异侧肩前上方的积极摆动，使身体处于背向横杆的腾越姿势。当肩向上腾越，超过横杆时，两肩迅速后倒，充分展髋、小腿放松，膝部自然弯曲，整个身体呈反弓形。待髋部超越横杆后，收腹含胸，以髋发力带动大腿向上，并且小腿甩动使整个身体超离横杆，自然下落以肩背领先落垫（图7-12）。

图7-12　过杆与落坑技术

二、跳高技术训练方法

（一）助跑训练

（1）进行8字弧线走步练习。

（2）进行8字弧线慢跑练习。

（3）进行8字弧线节奏跑练习。

（4）在8字弧线上慢跑的同时进行轻跳练习。

（二）助跑和起跳结合训练

1. 助跑与起跳节奏的一致性训练

采用助跑触高、助跑起跳过栏架、助跑跳上高架以及中、全程助跑跳皮筋等练习方法来训练助跑与起跳节奏的一致性。

2. 起跳时蹬摆配合的协调性训练

利用各种起跳练习提高蹬摆配合的协调性，训练中要将摆腿和摆臂的作用充分发挥出来，有时要专门做大量的摆臂、摆腿等练习。

3. 控制腾起方向的训练

助跑手、头触高，助跑起跳抓高杠，助跑跳上高架等都可以作为控制腾起方向的训练方法。

（三）起跳训练

1. 准备姿势训练

身体侧对并以右臂拉住肋木，保持内倾、后倒姿势；双脚踩住小弧线，左脚脚跟着地，重心放在右脚上；左脚脚尖斜对肋木即指向小弧线的切线方向。右脚前脚掌大脚趾侧着地，右膝半屈并稳定控制重心。左臂微屈于体后。目视切线前上方，保持身体内倾姿势。

2. 蹬摆动作训练

重心前移，起跳脚沿外侧逐渐过渡到前脚掌着地，身体应有一定的内倾姿势，摆动腿屈膝沿弧线加速上摆，起跳腿用力爆发并充分蹬伸，使起跳腿的踝、膝、左髋、上体与左肩几乎形成一条垂直地面的垂线。积极摆臂，整个身体垂直上升完成起跳。

3. 挺身展髋训练

训练目的主要是发展运动员的协调素质、灵敏素质和柔韧素质等，为运动员进行背越式跳高训练奠定基础。

（1）原地挺身展髋练习

做出挺身展髋姿势之后停顿3秒钟，让身体感受动作；先是站立练习，之后逐渐屈膝，降低身体重心，保持下蹲的姿势进行练习。

（2）双脚连续起跳挺身展髋练习

起跳时，腰部用力上拔，双肩用力上提；然后挺身展髋用力跳起，双脚跳高到双手可以接触到脚后跟的程度；跳起的同时头部用力上顶并向后仰。

（四）起跳过杆训练

1. 过杆训练

背对海绵包，起跳越过横杆以对空中挺髋、展体、过杆等肌肉感觉进行体会。可在中程助跑后跳上万能架，反复练习。

2. 助跑过杆训练

以全程助跑过杆练习为主，结合短程与全程过杆练习两种方法进行训练，同时采用助跑摸高、助跑跳上高架等方法进行适当的练习，不断完善跳高技术。

三、跳远技术动作分析

（一）助跑技术

1. 起动

助跑的起动姿势包括以下两种。

一种是在静止状态下助跑，通常要求要稍微弯曲两腿、两脚保持平行，做“半蹲式”动作，也可以两腿前后分开站立，做“站立式”动作。另一种是走跳相结合，找到第一个标志。

第一种方法对提高助跑的准确性有很好的帮助。第二种方法虽然动作相对放松，但是准确找到标志的难度较高，要求学生能够更加准确地踏板。

2. 加速

（1）积极加速，在助跑的开始就积极加速，并始终保持较高的步频，这种加速方式的主要目的就是快速脱离静止状态，尽可能获得最高的助跑速度。

（2）逐渐加速，逐渐加速方式主要是通过加大步长和保持步长逐步过渡到加快步频。这种加速方式的主要目的就是在动作轻松、自然和平稳的基础上，提高跳的准确性和成绩的稳定性。

3. 最后几步

最后6~8步的助跑技术，主要表现为以下两种技术特征。

第一，最后几步中每步的长度要缩短，频率要加快，形成快节奏的助跑起跳技术。

第二，保持步长的相对稳定，每步之间的频率要加快，形成快速上板的助跑技术特征。

（二）起跳技术

起跳是所有跳跃项目最重要的部分。助跑与起跳的结合，起跳腿的蹬伸与摆动腿的摆动，两腿的蹬摆配合，又是跳远起跳技术的关键所在。整个动作过程，就是要把学生助跑时所获得的水平速度，转换成必要的腾空速度，将身体抛向空中，使身体获得较长的运动距离。起跳时一个快速、完整的技术动作，大致分为三个技术阶段。

1. 起跳脚上板起跳

助跑最后一步，摆动腿的脚着地后，起跳脚就准备上板，这时由于速度很快，下肢的运动速度略比躯干快些，因此要保持上体正直或稍有后仰。两臂摆动于体侧，起跳脚全脚掌着地，摆动腿屈腿前摆。踏板一刹那，起跳腿是前伸的，与地面形成一个约65°～70°的夹角，起跳脚与身体中心投影点之间也有距离，大约30～40厘米，身体重心在支撑点的后面。这种势态形成了一定的“制动”，便于使身体向腾空状态转换，也便于使水平速度向垂直速度转换。要注意起跳脚前伸过大，身体重心距起跳脚支撑点过远，会影响起跳效果。

2. 起跳腿的支撑缓冲

在踏到踏板后，身体会随着惯性的力量和重力作用，迫使起跳腿的髋、膝、踝关节被动弯曲。起跳脚用全脚掌支撑既可保持身体的平衡和稳定，又可以抗衡这种压力。此时，整个身体前倾，摆动腿也随着向前运动惯性，大小腿折叠后向起跳腿靠拢，这种姿势为最后起跳、蹬摆做好了准备。

3. 起跳的蹬摆配合

起跳腿在踏上起跳板的瞬间，身体始终是随惯性向前运动着。当身体重心移到起跳脚支撑点上方时，起跳腿应及时蹬伸，充分伸展髋、膝、踝三关节，与此同时摆动腿以膝领先，屈腿向前上方摆动，摆到大腿呈水平部位，两臂配合两腿在体侧摆动，躯干伸展，头向前上方顶出，完成起跳的蹬、摆配合动作，这时起跳腿与地面呈70°～80°夹角。应该强调，在完成蹬摆配合的起跳动作时，四肢的协调配合，对身体获得适宜的腾起高度，维持身体平衡，以及对加快起跳速度起着决定作用。

起跳腿充分蹬伸后，还有一个全身的制动动作，这一动作主要是由于摆动腿摆到大腿水平部位和两臂摆动时的突然停顿完成的。这一制动对增加身体向上腾起，维持全身平衡，防止身体产生翻转具有重要作用。

（三）跳远腾空技术

1. 挺身式

挺身式腾空技术在腾空时，身体比较舒展。起跳腾空后，仍要保持腾空姿势，此时注意摆动腿和大腿不要抬太高，摆动腿小腿随之向前、向下、向后呈弧形划动，两臂也随之向下、向后再向前大幅度地划动；与此同时，起跳腿为屈膝与正在摆动腿靠拢，展髋、挺胸、挺腰，整个身体展开成充分的挺身姿势。当身体即将落地时，两臂向后摆动，躯干前倾，两腿迅速收腹抬腿，前伸小腿，准备落地。这种挺身式的空中技术能使身体充分伸展，因此，要经常训练身体的协调和维持平衡的能力（图7–13）。

图7–13　挺身式腾空

2. 走步式

腾空后，在空中完成走步式的技术动作，就是走步式跳远。这种技术是三种技术中最难的一种，当起跳动作完成后，身体呈现“腾空步”，前方的摆动腿要以髋为轴，大腿带动小腿积极向下、向后方摆动，同时处在身体后方的起跳腿则以髋关节为轴，大腿向上摆动，同时屈膝带动小腿前伸，以完成两腿在空中的互换动作。两臂要配合两腿协调摆动，以维持身体平衡。空中完成交换步后，摆动腿仍需要从体后屈膝前摆，靠拢体前的起跳腿，并在空中走半步。在空中的这一过程需要两腿走两步半（图7–14）。

图7–14　走步式腾空

（四）落地技术

落地的任务是选择合理的落地技术，正确的落地技术不仅有利于运动成绩的提高，而且可以防止受伤。在完成腾空动作后，大腿要尽可能地靠近胸部，小腿自然向前伸，同时两臂后摆。当脚跟接触沙面后，应迅速屈膝缓冲，同时两臂由体后向前摆出，并借助于惯性向前方或侧方倒下，防止坐入沙坑。

四、跳远技术训练方法

（一）助跑与起跳结合技术训练

（1）原地起跳技术练习。原地站立，快速伸出摆动腿；然后起跳腿用力向前上方向迈出，并做出积极的起跳动作；同时，摆动腿用髋部发力带动腿部做积极的前摆动作。该练习有以下几个需要注意的重点。

①起跳脚蹬地时，起跳腿需要蹬直并用力发力。

②起跳腿落地时积极下压，先用脚后跟着地，然后整个脚掌置于地面，最后再慢慢过渡到以脚尖为着力点。

③起跳腿做蹬伸动作的时候，髋部用力前顶带动身体重心向前移动，同时双臂也要积极配合腿部的动作，为身体助力。

（2）在30米走动中做起跳技术练习，可以采用一步一起跳或者三步一起跳的练习形式。

该练习有以下几个需要注意的重点。

①注意上下肢动作和蹬摆动作的配合，保持动作的协调性。

②随着动作熟练程度的提高，可以加快行进的速度，比如采用边慢跑边练习的方式。

（3）借助俯角跳板或者斜坡跑道等，进行短、中距离的助跑起跳练习。该练习有以下几个需要注意的事项。

①刚开始采用比较慢的助跑速度，后面技术提升之后慢慢加快速度。

②起跳时，上半身停止，腰部挺拔，头部前顶，起跳腿充分蹬直发力。

③上肢动作和下肢动作协调配合。

（二）挺身式跳远空中动作和落地技术训练

1. 原地挺身式跳远练习

（1）练习方法

①起跳腿在原地作为支撑腿，摆动腿屈膝上抬起，然后立即向后下方摆动，同时向前送髋带动身体重心前移。

②两臂随着摆动腿的动作，从身体的侧后方积极向前上方向摆动。

③两腿同时屈膝，然后向下、收腿、伸直、落地。

④双臂配合双腿的动作，同时向身体的后下方摆动。

（2）练习要求

①摆动腿向后下方向摆动的同时，应该积极向前上方向送髋，同时尽力伸展身体帮助身体前移。

②注意上下肢动作之间的协调性。

2. 短距离助跑挺身式跳远练习

（1）练习方法

在短距离助跑的基础上进行练习，方法参考挺身式跳远练习。

（2）练习要求

①动作要自然放松，既不能过于松弛，也不能过于紧绷。

②摆动腿做前摆动作时，前摆的程度要超过身体位置。

3. 中、长距离助跑挺身式跳远练习

（1）练习方法

在中、长距离助跑的基础上练习，方法参考挺身式跳远练习。

（2）练习要求

①身体腾空之后尽力做向前送髋动作，努力使身体前挺。

②尽量延长挺身的时间，为身体前移提供更大的助力。

（三）走步式跳远空中动作和落地技术训练

（1）借助单杠或者双杠等器械，将身体架起，双腿悬在空中做交换腿技术练习。练习中注意感受并掌握动作顺序以及肌肉的用力方式。

（2）行进间换步练习。在行进的同时，支撑腿用力伸直做蹬地动作，髋部在蹬地力量的推动下积极前顶，带动大腿向前迈步，两臂配合双腿做大幅度的环绕动作。练习时要求积极进行送髋动作，由髋部带动大腿完成换步技术。注意换步动作的连贯性和流畅性。

（3）短、中距离走步式跳远练习。重点进行空中换步技术的练习，注意肌肉的用力方式、动作的顺序以及动作之间的连贯性。完成换步技术之后，摆动腿收回靠向起跳腿，两腿以并拢姿势向前落地。

（4）中、长距离走步式跳远练习。注意上肢动作和下肢动作协调配合。进行换步时，先是髋关节前顶发力，带动大腿前进，再由大腿发力带动小腿进行换步，注意发力的顺序。

第四节　投类运动技术训练

投类运动主要包括铅球、铁饼、链球、标枪等项目，由于篇幅所限，本节主要对其中的推铅球与掷铁饼两个项目的技术训练进行分析。

一、推铅球技术动作分析

下面主要分析背向滑步推铅球（右手持球为例）的基本技术。

（一）握球与持球

1. 握球

五指自然分开，把铅球放在食指、中指和无名指的指根处，大拇指和小指自然扶在铅球的两侧，手腕自然背屈（图7–15）。

2. 持球

握好球后把铅球放在右侧锁骨外端，贴住颈右侧，掌心向内，右臂屈肘，从侧面看，右肘与身体处在同一平面（图7–16）。

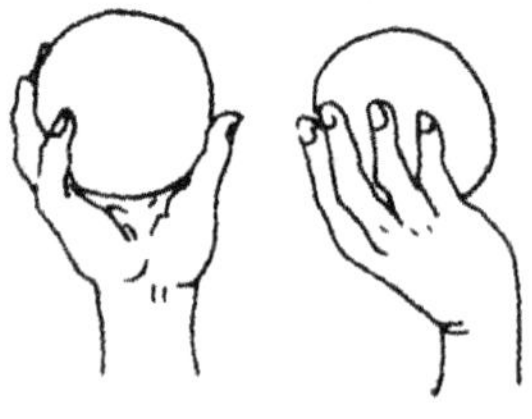

图7–15　握球

图7–16　持球

（二）预备姿势

右脚背对投掷方向，右腿直立。左脚在右脚后方20 ~ 30厘米处，脚尖点地，微屈膝，身体站立端正，颈部正直，左臂向前上方自然伸出（图7–17）。

（三）团身

团身动作是滑步的准备动作。在预备姿势的基础上，上体前俯，左臂下垂，同时左腿向后上方摆起，顺势屈右膝、收左腿、身体重心平稳下降，置于右脚前脚掌上，目视前下方（图7–18）。

图7–17　预备姿势

图7–18　团身动作

（四）滑步

滑步开始时，身体重心水平向投掷方向移动，左腿大腿带动小腿向抵趾板方向蹬出，左脚沿地面滑动，经过投掷圈直径约3 / 4距离时外翻，最后落在抵趾板中间略偏左处。右腿配合左腿蹬伸，右脚动作似滚动，髋部伸展，然后右小腿迅速内收，右脚稍内扣。左臂轻快地向投掷反方向摆动，右手臂动作不变。

（五）最后用力

滑步结束后右脚脚跟不落地，右脚内侧用力形成侧蹬动作，右腿侧蹬伴有转动，推动身体向前。左脚落地后，左腿保持蓄力状态，随着重心前移，微屈左膝再伸直，形成支撑后的蹬伸用力动作。上体由向后伸展的背面转成侧面，身体呈侧弓形。

铅球出手时的身体姿势是：左腿蹬直；右腿蹬伸；抬头挺胸，右臂伸直；左臂在身体左侧，左手低于左肩。铅球出手角度约37°，出手点约在左脚脚尖上方或前上方。

滑步与最后用力的完整动作如图7-19所示。

图7-19　滑步与最后用力

（六）结束动作

铅球出手后，继续向投掷方向跟进，维持身体平衡，及时交换双腿改变运动方向，重心降低，左腿积极后退，维持身体平衡。

背向滑步技术难度系数比较高，训练时应该先以分解训练为主，在运动员掌握分解技术之后再训练动作的连贯性和流畅性。

二、推铅球技术训练方法

（一）原地拉胶带

1. 练习目的

（1）促进身体专项力量的发展，掌握运动链各环节的正确用力顺序。

（2）体会推铅球时身体各部位肌肉的用力感觉。

2. 练习方法

（1）在地面上固定好长胶带（2～3米）的一端，面对胶带而立，一脚在前，一脚在后，右手将长胶带的另一端抓住。

（2）前腿屈膝，重心降低置于前腿上。

（3）右腿发力带动右臂和上体转向投掷方向，右臂在转动时对胶带进行大力拉引，拉引到最大限度时逐渐恢复准备姿势。反复练习。

3. 练习要求

重心置于右腿，充分伸展投掷臂。

（二）蹬转摆片

1. 练习目的

促进右腿力量、速度和躯干力量的提升，促进学生对身体各部位正确用力方法及顺序的掌握，使动作连贯、有力。

2. 练习方法

（1）双手将杠铃握住，做最后用力前的预备姿势，伸直手臂，右髋随着右脚的蹬转而在右腿的带动下转动并充分伸展。

（2）将杠铃向上举过头顶，身体“反弓”，右腿支撑重心。反复练习。

3. 练习要求

尽可能将躯干伸展。

（三）连续滑步

徒手成低姿背向滑步预备姿势。臀后移，左大腿直接向后摆腿，同时右腿蹬伸后积极收右小腿，左腿还原成预备姿势后立即连续做同样动作。练习过程中要注意动作连贯、节奏清楚、身体不变形。

（四）持壶铃连续蹬转

右手持壶铃成背向最后用力姿势。右腿积极蹬转同时，推动右膝右髋向投掷方向转动，左臂由胸前向左上方摆出，挺胸使右臂充分外展，头向右侧扭紧，身体重心落在弯曲而紧张的右腿上。练习过程中要注意，壶铃位移距离尽量小，上体不要上下有大的起伏。

（五）转体连续推实心球

背对投掷方向两腿前后开立（右腿在前），双手取放在跳箱盖上的实心球。右手将球放在右肩上，右腿蹬转将实心球推出。练习过程中要注意推动连贯。

（六）原地推铅球练习

1. 握持球技术练习

（1）双手持球，进行两手之间的传球、接球练习。

（2）利用下蹲、站起以及体前屈等姿势进行握持球技术练习。

2. 原地正面推铅球技术练习

（1）身体正对投掷方向，两脚一前一后分开站立，左右之间的距离稍微大于肩宽，左脚在前，脚尖稍微向内，右脚在后，脚尖正对投掷方向。

（2）右手持球，将球举高至锁骨处。

（3）上半身右转，左臂和左肩稍微向内缩。

（4）双目直视投掷方向，由大腿、躯干、胳膊联合发力，用力将铅球快速投掷出去。

3. 原地侧向推铅球技术练习

（1）用身体左侧正对投掷方向，两脚左右分开站立，中间大约为一个半肩膀的宽度，右脚和投掷方向之间成直角，左脚和投掷方向成半个直角，左右脚站在同一条直线上。

（2）左腿保持站直状态，着力点为左脚掌前半部分的内侧，右腿弯曲，身体向右侧倾斜，身体的重心落在右腿上。

（3）右腿用力蹬地的同时向左侧转，联合躯干和手臂的力量将铅球快速投掷出去。

4. 原地背面推铅球技术练习

（1）身体背对投掷方向，两脚左右分开，脚尖朝外，两脚形成一个外“八”字站立。

（2）上半身用力转向右后方，达到腰部被扭紧的程度为止，然后上半身朝着右后方前屈到大约和地面平行的程度，背对投掷方向。

（3）右脚用力蹬地，同时上半身快速抬起并向左侧扭转，联合躯干和手臂的力量快速将铅球投掷出去。

5. 原地推铅球技术训练注意事项

（1）强调投推铅球的过程中身体的用力顺序，分别是“蹬、转、送、抬、挺、撑、推、拨”。

（2）原地铅球技术是整个推铅球运动中最基础也是最重要的技术之一，应该在每次训练中都留出一定的时间进行巩固练习，以帮助运动员打下坚实的基础。

三、掷铁饼技术动作分析

（一）握铁饼

五指分开，拇指和手掌紧贴铁饼，其余四指最末节扣住铁饼边沿。手腕稍屈（图7-20）。

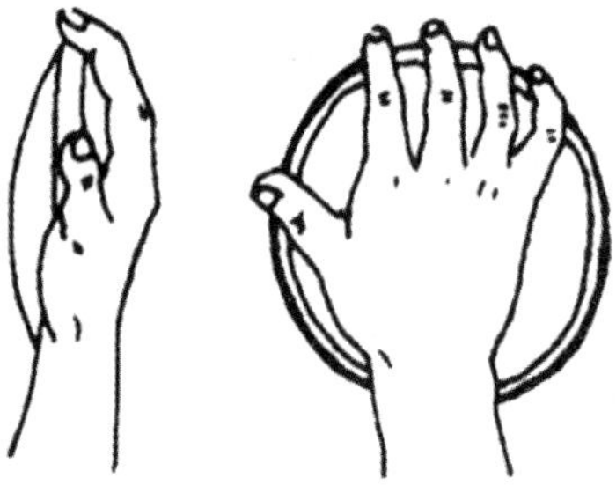

图7-20　握铁饼

（二）预备姿势和预摆

1. 预备姿势

背对投掷方向，两脚分开站在投掷圈后沿，投掷臂放松下垂。

2. 预摆

以左向上右向后的预摆为例，持饼臂起动在体侧前后摆动，铁饼摆到体后时，右腿蹬地，再向左上方摆动，稍屈臂，使铁饼位于前额左方，上体也随之左转。随后放松向右后方摆动，重心移至右腿，上体向右后方转动，右腿稍屈，左臂屈于胸前。向后摆到最高点时即是制动点（图7-21）。

图7-21　预摆

（三）旋转

以左脚支撑为旋转的轴心，借助右腿的蹬地力量向投掷方向转动左膝和左肩，重心稍下降并向左腿移动，左腿边屈膝、边旋转，带动身体左转，形成以左半身为轴的旋转姿态。这时右腿大腿带动小腿，右腿弯曲成弧线绕过支撑的左腿进行旋转，整个身体形成了以左侧身体为轴的大扇面旋转。当身体重心通过左腿时，左脚蹬地，身体向投掷圈的圆心移动。在这个旋转过程中，投掷臂和右肩放松。旋转结束时，右腿以前脚掌着地，落在圆心附近，形成单腿支撑。这时仍以右脚为轴继续旋转，左脚内侧着地支撑。

（四）最后发力

右脚边转动边向投掷方向蹬伸，同时带动投掷臂进行大弧度运动。左腿支撑重心，使右侧绕着左侧轴转动，全身各部位用力集中在铁饼上，加大出手速度、力量及工作距离，当身体重心位置较高且铁饼与右肩同高时，右手食指末节拨饼，顺时针转动约35°掷出铁饼（图7-22）。

参考文献

[1]李爱国.田径运动教学研究[M].武汉：武汉大学出版社，2017.

[2]夏国滨，陈岩，胡佳刚.田径专项教学与训练方法[M].哈尔滨：哈尔滨地图出版社，2006.

[3]孙晓庆.趣味田径教学[M].南京：东南大学出版社，2020.

[4]陆霞.田径运动教学与训练[M].长春：吉林出版集团有限责任公司，2019.

[5]鲁长春.高校田径教学与训练实践研究[M].沈阳：沈阳出版社，2019.

[6]胡玖英.田径教学改革与科学化训练探究[M].长春：吉林大学出版社，2019.

[7]王维兴，张文星，胡俊.田径运动教学理论与竞训实践[M].沈阳：沈阳出版社，2018.

[8]魏剑波，程岩梅，王静.田径体能教学理论与训练方法的科学性指导教程[M].哈尔滨：哈尔滨工业大学出版社，2018.

[9]刘飞.田径运动教学与训练研究[M].哈尔滨：哈尔滨地图出版社，2018.

[10]肖涛，孔祥宁，王晨宇.运动训练学[M].重庆：重庆大学出版社，2016.

[11]赵琦.体能训练理论与方法[M].南京：东南大学出版社，2017.

[12]胡亦海.竞技运动训练理论与方法[M].北京：人民体育出版社，2014.

[13]徐世岩，张广林.田径类课程设计与教学设计[M].兰州：甘肃科学技术出版社，2008.

[14]陈晋.田径运动理论与实践研究[M].北京：北京体育大学出版社，2014.

[15]齐美玲.普通高校田径教学存在的问题及对策研究[J].冰雪体育创新研

究，2020（22）：26–27.

[16]何文军.健康中国背景下我国高校田径课程教学改革策略[J].哈尔滨体育学院学报，2020，38（03）：79–83.

[17]和琰.高校田径教学的困境与对策研究[J].当代体育科技，2020，10（15）：39–40.

[18]校力.探讨当下高校体育田径教学现有问题[J].当代体育科技，2020，10（14）：89+91.

[19]王超.以学生为本，高校田径教学改革的策略探究[J].田径，2021（01）：79–80.

[20]谭黔.高校田径教学方法改革研究[J].青少年体育，2020（05）：113–114.

[21]范文广，刘旭东.新时期高校田径课程设置与改进思考[J].文体用品与科技，2013（08）：70.

[22]康娜娜.新中国成立以后我国学校体育思想的嬗变及其发展研究[D].中国矿业大学，2014.

[23]陈玉忠.关于我国青少年体质健康问题的若干社会学思考[J].中国体育科技，2007，43（6）：8.

[24]辛利，刘娟.对学校体育“健康第一”指导思想的思考[J].体育学刊，2013（05）：4.

[25]杜吉生.普通高校田径教学内容的特点分析与体系构建[J].吉林体育学院学报，2007（02）：105–106.

[26]张立新.关于改进高师课堂教学评价手段与方法的探索[J].滨州师专学报，1998（03）：77–80.

[27]王建基.刍议普通高校田径教学面临的困境及其发展策略[J].当代体育科技，2020，10（30）：100–102.

[28]王山铭.高校田径课程教学现状和影响因素分析[J].田径，2020（11）：81–83.

[29]白明.谈高校体育课程设计的原则[J].中国成人教育，2009（17）：153.

[30]张全成，陆雯.高级体适能与运动处方[M].北京：国防工业出版社，

2013.

[31]陈炜，黄芸.体育教学与模式创新[M].北京：光明日报出版社，2016.

[32]邵伟德.体育教学模式论[M].北京：北京体育大学出版社，2005.

[33]曾晓梅.项目驱动教学模式在田径技术教学中的实践研究[D].江西师范大学，2015.

[34]龙春生.体能训练法[M].沈阳：辽宁大学出版社，2009.

[35]王佳，沈阳，陆永华.基于健身目的的体能训练理论与方法[M].长春：吉林大学出版社，2011.

[36]王平.现代田径运动竞训发展探究[M].长春：东北师范大学出版社，2015.

[37]明君，郑丽，范锐.运动训练管理学[M].哈尔滨：哈尔滨地图出版社，2008.

[38]刘青.运动训练管理教程[M].北京：人民体育出版社，2007.

[39]杨桦，李宗浩，池建.运动训练学导论[M].北京：北京体育大学出版社，2007.

[40]颜昶，徐丽平.高校田径运动队的训练组织管理[J].福建体育科技，2005（04）：60-61+64.

[41]樊云.基于云计算的运动训练管理系统设计[J].电子设计工程，2022，30（08）：128-132.

[42]王志苹.现代体能训练科学设计与实用方法研究[M].北京：中国商务出版社，2017.

[43]张建龙，王炜.体育教学方法优化组合的依据、原则与程序[J].新西部（下半月），2009，137（05）：241+238.

[44]廖志锦.高校课余田径训练现状及对策[J].长江大学学报（自科版），2014，11（07）：104-105.

[45]苏广军.高校田径高水平运动队训练的影响因素及对策[J].体育世界（学术版），2014，36（10）：103-104+102.

[46]范传芳，葛庆焕.浅谈高校高水平运动队训练现状及启示——以高水平田径队为例[J].当代体育科技，2017，7（27）：53-54.